Te mando ideas
frescas para vuestro
menú de cada día.
¡Buen provecho!

Llanos

¡Felicidades 07.03.93!

29-05-93

Inglés	Español	pronunciación Inglés
angler	rape	ángla
bass	lubina	bas
bream	besugo	brim
carp	carpa	caap
caviar	caviar	cáviaa
clams	almejas	clams
cod	bacalao	cod
cockles	coquinas	cókels
conger eel	congrio	cóngar-il
crabs	cangrejos	crabs
cangrejos de Rio	crayfish	
fish	pescado	fish
dory	gallo	dóori
Percebes	goose barnacle	
grey mullet	mújol	grei málet
grouper	mero	grúpa
hake	merluza	jeik
herring	arenque	jerin
King Prawns	Langostinos	Kin proons
Lamprey	Lamprea	Lámprei
Lobstér	langosta	Lóbsta
mackerel	caballa	máerol
mussels	Mejillones	másols
oysters	ostras	óistes
Perch	perca	peech
pike	lucio	paik
Prawns	gambas	proons
red mullet	salmonete	red málet
Salmon	Salmón	sálmon
Sardines	Sardinas	sáadins
scallop	vieira	scálop
Sea sprims	camarones	Si shrimps
shark	tiburon	shaak
shell fish	marisco	shel fish
skate	raya	skeit
Sole	Lenguado	soul
squid	calamares	skuid
Tench	Tenca	Tench

Trout	trucha	traut
Atún	/bonito	tiuna
Turbot	rodaballo	téebot
Turtle	tortuga	Teetol
Whiting	pescadilla	uáitin

EL MENÚ DE CADA DÍA

Karlos Arguiñano

EL MENÚ DE CADA DÍA

FOTOGRAFÍAS DE MIKEL ALONSO
DIBUJOS DE ARRASTALU

Coordinación y supervisión de la edición:
Luis Rubio Gil - RTVE

rtve

EDICIONES DEL SERBAL

Primera edición: noviembre de 1992
Segunda edición: noviembre de 1992
Tercera edición: diciembre de 1992
Cuarta edición: diciembre de 1992
Quinta edición: diciembre de 1992
Sexta edición: enero de 1993
Séptima edición: enero de 1993
Octava edición: febrero de 1993

Diseño y Maquetación: Tader Grafistas
Impreso en España
Depósito legal: B. 29.144/92
Impresión y encuadernación: Grafos S.A. - Arte sobre papel
ISBN 84-7628-098-X

ÍNDICE

ADVERTENCIA IMPORTANTE

Si no se dice expresamente otra cosa, los ingredientes indicados en las recetas son para cuatro personas. Pero, claro, se han de tener en cuenta el apetito y el «saque» de los comensales. En cualquier familia puede haber quien coma por cuatro.

PRÓLOGO

Los medios de comunicación, y fundamentalmente la televisión, confirman la puesta de largo de la gastronomía. Se nos hace familiar el ver todos los días al cocinero como una estrella en la pequeña pantalla. Las, de momento, 625 líneas están consiguiendo algo que hace años era pura utopía. Las gentes, los ciudadanos, además de conversar de lo de siempre (fútbol, mujeres, hombres,... etc., es decir, los temas habituales), últimamente han introducido en sus diálogos un nuevo tema estrella: «LA GASTRONOMÍA».

Puede parecer, para alguno, a simple vista un tema poco importante. Nada más lejos de la realidad. Los humanos nos distinguimos, o así debería ser, del resto de los animales entre otras cosas por hacer de la alimentación algo más que una cuestión biológica. Por supuesto que es una necesidad, pero debemos de convertir ésta en convivencia, tanto familiar como social de grupo.

La vida, el siglo que nos ha tocado vivir, lleno de prisas, de celeridad, nos lleva en muchas ocasiones a malcomer de pie, en la barra de cualquier bar. Debemos de reservar una parte de las horas del día, lo mismo que hacemos con otra función básica como es el descanso, para comer reposadamente, charlando con el compañero o en familia. Debe de ser ésta, entiendo yo, una aspiración fundamental de todo ser humano inteligente.

La cocina se ha puesto de moda. Ya era hora. Pero para ello hacía falta un revulsivo, una figura entrañable y comunicativa, un comunicador amable y directo, alguien que con humildad se pusiera del lado del ama de casa, al otro lado del fogón. Tarea difícil, pero no imposible. Aparece en escena Karlos Arguiñano. Nunca se valorará en su justa medida lo que Karlos está haciendo por algo tan importante como es «comer bien». Al decir comer bien no me refiero a comer mucho, sino más equilibrado, buscando los aportes vitamínicos, esa indicación del «maestro», dejando al espectador la suficiente capacidad para transformar en su justa medida el plato, poniendo a trabajar su imaginación.

Es importante que consideremos que la gastronomía va muy unida al resto de nuestros rasgos identificativos, es parte de nuestra cultura.

Existirá un antes y un después. Hasta ahora, los cocineros, los grandes maestros de las ollas y los fogones vivían encerrados en su cueva de Alí Babá. La élite encarnada en ellos dejará de ser privativa de genios para descender a la creatividad como elemento de cualquier cocina. Se está popularizando, la élite ya somos todos. Karlos está consiguiendo que cocinar haya dejado de ser una rutina diaria para convertirse en un ejercicio de imaginación, de creación. Creación incluso para acometer la cocina tradicional, la heredada, la «cocina de nuestros padres».

Sólo la televisión podía conseguir dar un nuevo sentido a los antiguos recetarios. Es el único medio capaz de transmitir la letra y el espíritu para conseguir así una emoción nueva: disfrutar cocinando, poner los cinco sentidos en lo que se hace para a través de ello, generar una convivencia familiar mucho más amplia, dando motivo a la conversación, a la charla, y cómo no, gusto al paladar. Tenemos que aprovechar el tirón, tenemos que conseguir entre todos que la gastronomía, el arte de cocinar, continúe extendiéndose. Para ello es necesario que los restauradores desciendan al pueblo, den charlas, conferencias y coloquios, se metan de lleno en una labor pedagógica tan fundamental como el transmitir su saber y hacer partícipes a los demás de su sabiduría.

Karlos ha abierto el hueco, ensanchando el camino, ahora, con la colaboración de todos los grandes de la cocina, podemos ver mejor el horizonte de nuestra cultura gastronómica. Es una meta que no tiene fin, es hacer día a día que la función básica del comer sea más agradable, más humana y más positiva.

Buen provecho tenga Vd.

Salvador Gómez Fernández
Periodista. Director del Centro Territorial
de TVE en el País Vasco

EL AUTOR Y SU EQUIPO

KARLOS ARGUIÑANO
Nacido en Beasain el 6-9-48.

Su afición por la cocina nace probablemente, siendo niño, al tener que realizar las tareas culinarias de su casa por enfermedad de la madre. Durante un tiempo y tras cursar estudios de maestría industrial, trabaja en la fábrica de trenes de Beasain como chapista, hasta que, con 17 años, decide apuntarse a la Escuela de Hostelería del Hotel Euromar, de Zarauz, dirigida por el maestro de maestros Luis Irízar, cambiando de este modo la soldadora por los pucheros y las cacerolas.

En los tres años que pasa en la Escuela de Hostelería del Hotel Euromar coincide con lo más destacado de la actual cocina vasca. De aquí pasa al Hotel María Cristina y, posteriormente, al Hotel Londres, ambos en San Sebastián; hasta que en 1970 oficia como jefe de cocina en el Golf de Zarauz. Tras la interesante etapa como jefe de cocina del Golf de Zarauz, Karlos Arguiñano ve cumplido su sueño. En 1979, por fin, crea su propio restaurante. Se trata de un caserón señorial, situado en la playa de Zarauz. En poco tiempo ocupa un lugar destacado en las guías gastronómicas españolas, siendo distinguido, desde 1985, con una estrella en la Guía Michelín. Figurando también en la lista de los diez mejores restaurantes de toda España.

En el verano de 1990 añade a su carrera la categoría de hotelero, ampliando las instalaciones e incorporando un hotel de 4 estrellas que cuenta con once habitaciones.

Implicado de lleno en el movimiento de la nueva cocina vasca, siendo defensor y difusor de los principios que la sustentan, viajó, en unión de diversos compañeros, por diversos países de Europa.

Karlos Arguiñano ha llevado su buen hacer culinario a Estados Unidos, Alemania, Italia, México, Suiza y Suecia. Respondiendo en ocasiones a invitaciones particulares y participando, en otras, en las campañas de promoción turística del Gobierno Vasco.

En la línea de prestigio internacional hay que mencionar que Karlos Arguiñano está en posesión de la calificación de Eurococinero, siendo uno de los cuatro representantes españoles de Eurotoc, Organismo consultivo creado en Bruselas por la Comunidad Económica Europea con el fin de proteger los productos autóctonos y la calidad de las cocinas europeas.

En los últimos años, entre otras numerosas actividades ha dado clases de cocina en Nueva York y Washington. También ha impartido clases en tres escuelas de hostelería de Cuba.

EVA ARGUIÑANO

Nacida en Beasain el 4-4-60.
Jefa de repostería del Restaurante Karlos Arguiñano.
Imparte clases de repostería en Artezalen, Sociedades Gastronómicas, Modragón y Semana Gastronómica de Zaldiaran.
Ha participado, con el Gobierno Vasco, en la promoción gastronómica en Alemania e Italia, y mediante la Oficina Comercial de España ha colaborado en la preparación de una cena de periodistas especializados en gastronomía en Nueva York y un posterior cursillo en Washington a cocineros del centro.

MIKEL BERMEJO DEL VAL

Nacido en Sacramenia (Segovia) el 2-10-63.
Empezó con Karlos a los 15 años.
En la actualidad ejerce como jefe de partida de pescado desde 1981.
En 1986 gana el Campeonato de Jóvenes Cocineros de Euskadi, por lo cual es invitado a trabajar con Paul Bocuse.
En 1990 gana el III Campeonato de Jóvenes Cocineros de Euskadi.
En 1992 ha representado a España en el Campeonato Europeo de Cocina en Burdeos, obteniendo el 1.er premio en originalidad y creatividad.

PATXI TRULA

Nacido en Zarauz el 28-10-62.
Empezó con Karlos, a los 14 años, en el Club de Golf de Zarauz. En la actualidad ejerce como jefe de partida de cocineros desde 1981.
Ha trabajado con Karlos en Alemania, Italia y América.
Ha recibido en Cuba una medalla de plata en mérito por los servicios prestados en las escuelas de cocina.

ENSALADAS

ENSALADA DE ALUBIAS BLANCAS CON BACALAO

Ingredientes:

- 400 grs. de alubias
- 500 grs. de bacalao (lomo)
- 2 pimientos rojos
- 1 huevo
- 1/2 limón
- aceite
- 1 cebolla
- 1 ajo
- 1 hoja de laurel
- un chorro de leche
- sal
- 1 lechuga roja
- 1 lechuga rizada

Elaboración:

Cocemos las alubias con agua, cebolla, sal y laurel. Dejamos enfriar. Ponemos agua con leche en una cazuela y metemos el bacalao. Cuando dé un hervor, con cuidado, sacamos todas las láminas del bacalao y las mezclamos con las alubias.

Colocamos todo sobre una cama hecha con lechugas y aliñamos con una vinagreta de: 1 diente de ajo, 1 huevo duro, unas gotas de limón, aceite, pimiento rojo picado y lo adornamos con tiras de otro pimiento.

ENSALADA DE BACALAO

Ingredientes:

- 800 grs. de bacalao
- 2 patatas
- 2 tomates
- 1 pimiento verde
- 1 pimiento del piquillo o morrón
- 1 cebolla
- mahonesa ligera o vinagreta.

Elaboración:

Mientras cocemos las patatas, cortamos la verdura en juliana, menos el tomate, y lo ponemos a pochar en una sartén.
Colocamos el bacalao desalado en una cazuela al fuego con agua fría, sacándolo antes de que empiece a hervir. Desmigamos los trocitos de bacalao y hacemos láminas con las piezas más grandes, pasando luego a saltear los trocitos con la verdura pochada.
Servimos el plato colocando, en primer lugar, las patatas cocidas cortadas en finas láminas. Ponemos encima el salteado de verduras y bacalao, sobre éste el tomate y por encima los medallones. Sólo queda aliñarlo con la vinagreta o con un poco de mahonesa aligerada con agua templada, y espolvorear con perejil.

ENSALADA DE BACALAO AL AROMA DE ALBAHACA

Ingredientes:

- berros
- 1 tomate
- 1 cebolleta
- 1 pimiento verde
- leche
- 4 trozos de bacalao
- aceite de oliva

Para la salsa:

- 1 cebolleta muy picada
- 2 cucharadas de vinagre de sidra y 6 de aceite de oliva virgen
- 2 hojas de albahaca muy picada
- sal

Elaboración:

Desalamos el bacalao, manteniéndolo en remojo durante 48 horas. Quitamos las espinas. Calentamos en una cazuela. Antes de que rompa el hervor lo retiramos del fuego y escaldamos el bacalao, manteniéndolo dentro de la cazuela durante 5 minutos. Lo escurrimos. Separamos el bacalao en láminas, guardando las migas que vayan quedando. Rehogamos la cebolla y el pimiento verde, muy picados, hasta que la cebolla se transparente. Salteamos con ellas las migas de bacalao. Cortamos el tomate en rodajas finas y las ponemos en el fondo del plato. Colocamos en el centro el sofrito (migas y pimiento verde), cubierto por láminas de bacalao. Rodeamos con los berros y aderezamos con una salsa vinagreta preparada con los ingredientes reservados.

ENSALADA CALIENTE DE PESCADO

Ingredientes:

- 100 grs. de salmón
- 100 grs. de gallo
- 100 grs. de pescadilla
- 16 gambas
- 2 chipirones o calamares
- 1/2 lechuga
- 2 endibias
- 1 tomate
- 8 rabanitos
- vinagreta
- pimienta negra en grano
- 1 zanahoria
- 1/2 cebolla

Elaboración:

Limpiamos de piel y de espinas el pescado. Troceamos en láminas de un centímetro de grosor aproximadamente. Los calamares no hace falta cocerlos anteriormente, pero hay que cortarlos muy finos para que se hagan. En una cazuela ponemos la zanahoria, la cebolla y la pimienta, cortadas en juliana y lo cubrimos con dos dedos de agua. Cuando rompa a hervir se va escaldando el pescado sin que se pase. En una fuente colocamos las endibias, la lechuga y el tomate, al gusto de cada uno. Sobre esto se pone el pescado jugando un poco con los colores, se añaden los rabanitos y se aliña con vinagreta o si se prefiere con aceite y vinagre solamente. También se puede acompañar con mahonesa.

ENSALADA DE ESCAROLA Y GRANADA

La escarola es la lechuga de invierno. Tiene un sabor fuerte y delicioso. La granada es también la fruta de invierno y además es afrodisíaca. Es una ensalada perfecta para el día de los enamorados.

Ingredientes:

- 1 escarola
- aceite de oliva virgen
- sal
- 1 lechuga hoja de roble
- vinagreta de frambuesa
- 1/2 granada
- pimienta

Elaboración:

Eliminamos las hojas exteriores de la escarola, lavamos el resto cuidadosamente, las dejamos escurrir y las cortamos en trozos. Hacemos lo mismo con la lechuga de hoja de roble. Las disponemos sobre una fuente de servicio. Aderezamos con aceite de oliva virgen y unas gotas de vinagre, sazonamos y molemos sobre ellas un poco de pimienta negra. Removemos bien y repartimos sobre la ensalada las pepitas de granada, cuidadosamente limpias de telillas. Y ya está lista para servir.

ENSALADA CON HUEVOS ESCALFADOS

A mí los huevos me gustan todos y si son escalfados muchísimo más. Son como los fritos pero mucho más digestivos, pues de esta forma no llevan nada de aceite frito. Si es fresco se quedará pequeñito y si no es fresco se quedará ancho, plano; éste no se lo recomiendo a nadie.

Ingredientes:

- 1 lechuga
- 1 escarola
- 1 manojo de berros
- 1/4 l. de vino tinto
- 200 grs. de jamón cocido
- 4 huevos
- sal

Salsa vinagreta:

- 1/2 vaso de aceite de oliva
- 1/4 vaso de vinagre de sidra
- 1 tomate
- 1 cebolleta
- albahaca picada
- 1 diente de ajo
- sal

Elaboración:

Separamos las hojas de la lechuga y la escarola, eligiendo las de color más claro, las lavamos bien, las escurrimos para que la ensalada no tenga agua y la cortamos en trozos. Lavamos bien los berros y quitamos los tallos. Hacemos un lecho en una fuente con la lechuga, la escarola y los berros. Preparamos una vinagreta con un tomate pelado y muy picado, albahaca picada fina, un diente de ajo y una cebolleta, también muy picados. Sazonamos y mezclamos con el aceite de oliva virgen y el vinagre de sidra. Escalfamos los huevos en una cazuela con un litro de agua y un vaso de vino tinto de Rioja alavesa. Echamos los huevos, abiertos, en cuanto hierva y los cocemos durante tres o cuatro minutos. Los sacamos, recortamos los hilos de clara que queden sueltos y ponemos sobre la ensalada. Distribuimos el jamón cocido sobre la ensalada y salseamos con la vinagreta.

ENSALADA DE LA RIBERA

En la ribera del Ebro es donde podemos encontrar la mejor verdura del mundo. Esta ensalada es un homenaje a esas hermosas y saludables huertas que nos brindan unas verduras inolvidables.

Ingredientes:

- 1 cogollo de escarola
- 4 cogollos de lechuga
- 2 tomates
- 4 espárragos blancos y cocidos
- 12 filetes de anchoa de lata
- aliño: aceite, vinagre de vino, sal
- 2 huevos duros
- aceitunas verdes
- aceitunas negras
- 1 cebolleta (juliana)
- 2 dientes de ajo picado fino

Elaboración:

Ponemos el tomate cortado en lonchas finas en el fondo de la fuente y encima la verdura limpia. Los espárragos, las aceitunas, los huevos cortados en lonchas finas y las anchoas. Echamos sal y aliñamos con el aceite y el vinagre.

ENSALADA DE VERDURAS FRITAS

A muchas personas quizás les llame la atención esta receta. Yo siempre apuesto por la diversión en la cocina y ésta es una ensalada de lo más divertida. La verdura, está claro que siempre está rica de cualquier forma. Éste es un plato agradabilísimo y además cada uno encuentra su sabor.

Ingredientes:

- 8 champiñones
- 2 cebolletas
- 1 berenjena
- aceite de oliva
- 2 zanahorias
- 4 pimientos verdes
- 2 pimientos rojos
- sal
- 3 puerros
- 2 alcachofas
- harina

Para la salsa vinagreta:

- 2 vasitos de aceite de oliva virgen
- 1 cebolleta picada
- 1 cucharadita de perejil picado
- sal
- 1/2 vasito de vinagre
- 2 dientes de ajo picado
- 1 huevo cocido

Elaboración:

Preparamos la vinagreta picando la cebolleta, el ajo, el perejil y el huevo duro. Los mezclamos en una salsera con el aceite, el vinagre y la sal, previamente batidos. Limpiamos los champiñones, los cortamos por la mitad y los freímos con el aceite muy caliente. Hacemos lo mismo con los puerros y los pimientos, cortados en tiras. Cortamos la berenjena en rodajas, las sazonamos, pasamos por harina y freímos. Cortamos las cebolletas en aros. Lo pasamos por harina y freímos. Cortamos en juliana muy fina las zanahorias, las alcachofas y los pimientos rojos y los freímos juntos. Escurrimos todas las verduras. Montamos el plato y acompañamos con la salsa vinagreta servida aparte.

SALPICÓN DE POLLO

El salpicón no tiene por qué ser siempre de marisco. Yo soy de los que apuesto y digo siempre que con productos baratos podemos hacer platos de categoría.
El salpicón de pollo puede ser «casi» tan rico como el de marisco.
Y por supuesto es otra forma divertida de comer el pollo, hay que variar, siempre lo estamos comiendo igual: frito y asado.

Ingredientes:

- pollo cocido
- 1 tomate
- 2 manzanas
- 4 hojas de lechuga
- 2 zanahorias
- 1 cogollo de endibia

Para la salsa:

- 1 limón
- aceite de oliva virgen
- 2 cucharadas de mostaza
- sal
- 1 yogur

Elaboración:

Cocemos las zanahorias, cortamos la lechuga en juliana y cortamos el tomate en rodajas finas. Deshuesamos y quitamos la piel al pollo. Cortamos el pollo en tiras, lo mezclamos con las manzanas, cortadas en trocitos pequeños. Preparamos la salsa mezclando el zumo del limón, dos cucharadas de mostaza y el yogur. Lo disponemos en una fuente, rodeado de la lechuga cortada en juliana, ponemos encima las rodajas de tomate y las endibias y sobre ellas la zanahoria. Aderezamos con aceite de oliva virgen y sal. Situamos sobre las hortalizas el pollo y la manzana y aliñamos con la salsa.

LECHUGAS PRIMAVERA

Ingredientes:

- 4 lechugas pequeñas
- 200 grs. de colas de gambas o langostinos
- queso descremado (2 cucharadas)
- salsa mahonesa (1 cucharada)
- 1 tomate
- 1/2 limón
- sal

Elaboración:

Lavamos bien las lechugas quitándoles las hojas que estén feas. Cortamos el tallo para que se sostenga bien la lechuga y le sacamos el corazón. Seguidamente la cortamos a la medida conveniente de forma que nos quede como un cuenco. Por otra parte, hacemos una mezcla con las colas de gamba cocidas y los corazones de las lechugas cortados en juliana. Aliñamos con sal, mahonesa, limón y queso todo mezclado. Se adorna con un tomate cortado en 2 cuadraditos.

PRIMEROS PLATOS

ALCACHOFAS CON MOLLEJAS

La alcachofa es la verdura de invierno por excelencia. Tiene pocos adeptos, pero para mí es muy importante. En las comidas más importantes que he dado en mi vida nunca han faltado las alcachofas y nunca van a faltar.
Para mi gusto, las mejores se encuentran en Tudela (Navarra).

Ingredientes:

- 16 alcachofas
- 1 kg. de mollejas
- 2 limones
- 1 diente de ajo
- 1 vaso de vino blanco
- sal y pimienta
- harina

Elaboración:

Primeramente limpiamos las alcachofas de la forma tradicional, quitando las hojas exteriores (más o menos las seis u ocho primeras, las que no se terminan de cocer nunca). Luego les cortamos como dos dedos de la parte superior, untamos con un limón partido y las ponemos a cocer en agua con sal. Añadimos el jugo de dos limones, los restos de los limones utilizados para untar las alcachofas y diluimos un puñado de harina. Todas estas operaciones son imprescindibles si no queremos que las alcachofas se pongan negras. Las alcachofas tardan en cocerse aproximadamente 45 minutos y una vez cocidas deben dejarse en la misma agua. Las mollejas las prepararemos de la siguiente manera: quitamos primero las grasas y puntillas que suelen traer. Luego

hacemos con ellas pequeños dados y las sazonamos con sal y pimienta. Las pasamos por harina, con cuidado, pues una vez cortadas resultan muy pegajosas. Las freímos luego en aceite muy caliente en varias veces.

Una vez tengamos las alcachofas cocidas y las mollejas fritas, ponemos en una cazuela un poco de aceite con el diente de ajo bien picado. Rehogamos allí las mollejas fritas y le echamos el vino blanco y un tazón de caldo o de agua. Luego partimos las alcachofas por la mitad y las añadimos a las mollejas. Se deja que cuezan juntas unos diez minutos y están listas para servir. Se les puede añadir un poco de jamón o de bacón frito por encima.

ARROZ CON VERDURAS Y RABO

El arroz comenzó a cultivarse en China hace 4.700 años. Nos lo trajeron los árabes y desde entonces no hay cocina regional que no use el arroz en algún plato.
Para que un guiso de arroz quede bien, el grano siempre debe de estar entero, porque si se rompe se le escapa el almidón y no coge el sabor de los otros ingredientes.

Ingredientes:

- 1 rabo
- verdura para cocer el rabo:
  1 cebolla
  1 zanahoria
  2 dientes de ajo
  1 puerro
- 300 grs. de arroz
- 2 cebolletas
- 1 zanahoria
- 1 puerro
- 1 tomate
- 2 alcachofas
- caldo de rabo
- sal, aceite
- perejil picado

Elaboración:

Troceamos el rabo y lo ponemos a cocer en una cazuela con su verdura y sal; echamos abundante agua porque tarda mucho en cocerse, unas 3 horas. Cuando esté hecho, sacamos el rabo y le quitamos la carne, lo reservamos. Colamos el caldo y lo reservamos. Picamos fina toda la verdura y la ponemos a pochar en una cazuela con un poco de aceite. Cuando esté pochada añadimos la alcachofa cortada en juliana. Rehogamos y añadimos el arroz. Lo mezclamos bien con la verdura y añadimos el doble de caldo y sal.
Se deja cocer 10 minutos y se le añade la carne del rabo (si sobrara carne, se guarda) y un poco más de caldo, se prueba de sal y se deja cocer 15 minutos a fuego lento con la cazuela tapada.
Antes de servir se espolvorea con perejil picado.

CANAPÉS

Ingredientes:

Canapés de jamón:

- 8 lonchas de jamón curado
- 12 lonchas de salmón marinado
- 8 lonchas de jamón cocido
- 100 grs. de jamón cocido
- 1 rodaja de piña natural
- 1 lata de chatka
- 1 cebolleta
- pimiento rojo en tiras
- 50 grs. de queso fresco
- salsa mahonesa

Canapés de salmón:

- 8 lonchas de salmón ahumado, marinado
- 2 guindillas verdes
- 2 pepinillos en vinagre

Canapés de pan con tomate:

- 3 tomates maduros
- 1 barra de pan viejo
- 1 lata de anchoas
- aceitunas
- aceite de oliva virgen
- sal

Gambas en gabardina:

- 16 gambas
- 1 huevo
- cerveza
- harina
- levadura
- aceite de oliva
- sal

Elaboración:

Canapé 1
Extenderemos cuatro lonchas de jamón cocido y sobre ellas otras cuatro de jamón curado. Ponemos un par de tiras de pimiento rojo asado en el centro y hacemos rollitos. Los cortamos en dos trozos, cubrimos con un poco de mahonesa y una aceituna.

Canapé 2
Cortamos la piña en trozos pequeños. Extendemos cuatro lonchas de jamón cocido. Ponemos la piña junto a un extremo y enrollamos el jamón. Cortamos en dos trozos.

Canapé 3
Picamos la cebolleta y mezclamos con la carne de una lata de chatka y un poco de salsa mahonesa. Extendemos cuatro lonchas de jamón cocido. Colocamos la mezcla de chatka y cebolleta junto a uno de los extremos y enrollamos. Cortamos en dos trozos.

Canapé 4
Extendemos cuatro lonchas de jamón curado. Lo untamos con queso fresco y hacemos un rollo. Envolvemos en hojas de papel de aluminio y metemos al congelador. Cuando esté duro se puede cortar en rollitos finos.

Canapé 5
Tostamos ocho rebanadas de pan del día anterior. Extendemos las lonchas de salmón ahumado o marinado (se puede hacer con cualquier otro ahumado). Colocamos en el centro unas tiras finas de guindilla verde y unas láminas de pepinillo. Enrollamos y ponemos sobre los panes tostados.

Canapé 6
Tostamos ocho rebanadas de pan. Cortamos los tomates por la mitad y los restregamos sobre el pan. Sazonamos y aderezamos con unas gotas de aceite de oliva virgen. Ponemos encima dos anchoas y media aceituna.

Canapé 7
Pelamos las gambas y las reservamos. Preparamos una pasta orly con un huevo, la harina, un chorrito de cerveza, un poco de levadura y sal (tiene que quedarse pegada al dedo). Rebozamos las gambas en la masa y las freímos en aceite muy caliente.

CREMA DE CALABAZA

La calabaza es una hortaliza de invierno, comienza en septiembre y dura hasta la primavera.
Para aquellas personas que siguen dietas bajas en calorías, es muy interesante, puesto que tiene muy pocas calorías y, en cambio, tiene mucha fibra.
Y con las semillas (pipas) horneadas en papel de aluminio, podemos pasar una tarde entretenidísima.

Ingredientes:

- 1/2 kg. de calabaza roja
- 2 cebollas
- 2 zanahorias
- 1 puerro
- 1 diente de ajo
- 1/2 pimiento verde
- 1 vasito de tomate natural hecho
- 2 patatas nuevas
- 1/2 vaso de aceite
- agua y sal

Elaboración:

Picamos la verdura y la ponemos a rehogar en una cazuela con el vaso de aceite a fuego lento.
Mientras, sacamos la carne de la calabaza y la cortamos en trozos como la verdura. Lo mismo hacemos con las patatas.
Cuando la verdura empiece a dorar, se añade la calabaza y las patatas, se rehoga un poco con las verduras y se le añade agua hasta que lo cubra.
Se sazona y le añadimos el vasito de tomate.
Lo mantenemos a fuego lento durante 1 hora aproximadamente.
Cuando esté hecho lo pasamos por el turmix y luego por el chino, para que quede una crema suave al paladar.

CREMA DE LENTEJAS CON CODORNIZ

La lenteja es la legumbre con más proteínas y más digestiva. Es también barata. A mí la que más me gusta es una moradita, pequeña, que se cultiva mucho en la zona de Zamora.
Ojo con esa lenteja ancha, que cuece rápida. No tiene sabor. Hay que pensar siempre en el sabor de la lenteja y no en el tiempo de cocción.

Ingredientes:

- 500 grs. de lentejas
- 1 cebolla
- 1 tomate
- 1 puerro
- 4 codornices
- aceite, sal y agua

Elaboración:

Ponemos las lentejas a remojo la víspera. Las lavamos y ponemos a cocer todo junto en una cazuela y cuando empiece a hervir añadimos las codornices bridadas, probamos de sal, vigilamos que las lentejas no se queden sin agua. Cuando se cuezan las codornices, las sacamos y dejamos que se terminen de cocer las lentejas. Las pasamos por un pasapuré y añadimos las codornices abiertas por la mitad.

CREMA DE MEJILLONES AL AZAFRÁN

El mejillón tiene dos características muy importantes. Es un marisco extraordinario en proteínas y además es auténticamente barato.
Aquí os presento un plato económico, pero de lujo. Tenemos marisco y el aroma de los aromas: el azafrán. Una crema deliciosa y saludable con un toque aromático señorial.

Ingredientes:

- 2 kgs. de mejillones
- 1 vaso de vino blanco seco
- 1 vaso de nata líquida
- 3 cebollas
- aceite de oliva
- hoja de laurel
- azafrán

Elaboración:

Cortamos las cebollas, muy picaditas, y las pochamos a fuego muy lento en una cazuela con un poco de aceite de oliva. No tiene que dorarse, pero debe quedar muy blanda.

Limpiamos los mejillones, quitando los hilillos que tienen pegados al músculo. Los ponemos en una cazuela con un dedo de agua, tapamos y ponemos a hervir durante cinco o seis minutos, hasta que se abran. Separamos los mejillones de las cáscaras. Pasamos el caldo por un colador y lo añadimos a las cebollas. Incorporamos una hoja de laurel, un litro de agua y un vaso de vino blanco. Dejamos que cueza, destapado y a fuego fuerte, durante unos veinte minutos. Hasta que se reduzca a la mitad. Los pasamos por la batidora y luego por el chino, para que la crema quede muy fina. Ponemos al fuego. Añadimos la nata líquida y unas hebras de azafrán. Cocemos un par de minutos.

Añadimos los mejillones. Dejamos hervir sólo un minuto, porque ya han cocido al abrirse y si se pasan se ponen duros. Servimos.

CREMA DE PUERROS Y BERROS

El puerro pienso que es una verdura indispensable en la cocina. Es un comodín que combina bien con todo. Rico en vitaminas, es pura fibra.
Aquí lo tenéis formando parte de una crema fina y sugerente. Pero sus posibilidades son casi infinitas.

Ingredientes:

- 500 grs. de puerros
- aceite de oliva
- 1 vaso de nata líquida
- 100 grs. de queso rallado
- sal
- 2 ramos de berros
- 3/4 l. de caldo de verduras
- 1 cucharadita de harina de maíz
- pimienta negra

Elaboración:

Lavamos los puerros y los berros. Picamos los puerros muy finos y lo rehogamos todo en una sartén con un poco de aceite, hasta que el puerro se transparente. Añadimos el caldo, damos un hervor y sazonamos. Diluimos la harina de maíz en la nata, lo añadimos al caldo junto con el queso. Damos otro hervor y lo pasamos por la batidora. Se acompaña con costrones de pan frito y más queso rallado (podríamos hacer unos taquitos de queso empanados y fritos).

CREMA VICHISOISE

Ingredientes:

- 6 puerros
- 1 cebolleta
- 300 grs. de nata
- 50 grs. de patatas nuevas
- 50 grs. de mantequilla
- 1 l. de caldo de gallina
- perejil
- sal
- pimienta blanca

Elaboración:

En un recipiente, donde ya estarán el caldo y la nata, ponemos a cocer la parte blanca del puerro, la patata, la mantequilla y la cebolleta. Salpimentamos y, al cabo de una media hora, cuando esté hecho, lo pasamos todo por la batidora. Se puede servir frío, espolvoreado con un poco de perejil.

CESTITAS DE PURÉ DE PATATA

Ingredientes:

- 1 kg. de patatas
- 300 grs. de chorizo en taquitos
- 4 yemas de huevo
- 4 claras montadas

Salsa española:

- 1/4 kg. de piltrafas de carne
- 1 hueso pequeño de codillo
- aceite
- 1 cucharada de harina
- 100 grs. de cebolla picada
- 125 grs. de zanahorias picadas
- 1 ramillete de perejil
- 1 diente de ajo / 1 hoja de laurel
- 1 l. de agua / sal

Elaboración:

Cestitas: Se hacen cuatro cestitas con el puré de patatas. Chorizo frito alrededor y en el centro, una yema de huevo. Se montan las claras a punto de nieve y echando el aceite por encima. Se sirve con salsa española, parte por encima de los huevos y el resto en una salsera.

Salsa española: En un cazo se pone el aceite a calentar, poniendo la cebolla picada a dorar. Se añaden las piltrafas de carne. Se rehogan bien y luego echamos las zanahorias. Damos unas vueltas y luego agregamos la harina. Se deja dorar unos 5 minutos y se añade el agua y el resto de los ingredientes. Dejamos cocer a fuego lento unos 30 minutos. Entonces se pasa la salsa por el chino. Se rectifica de sal y se deja cocer a fuego lento hasta obtener el espesor que convenga.

HUEVOS AL PLATO CON PURÉ DE PATATAS

«Toma el huevo de una hora, toma el pan del mismo día, el vino que tenga un año y algo menos la gallina».
Sabio refrán. Los huevos se usan tanto porque son muy sanos y baratos. Para empezar tiene tantas proteínas, que dos huevos duros pueden sustituir a un buen filete de carne. Además es rico en vitaminas y por si fuera poco, bajo en calorías. Alrededor de 90 calorías por huevo. Luego está el «Huevo de Colón», pero ésa es otra historia.

Ingredientes:

- 8 huevos
- 1 kg. de patatas
- 1 vaso de leche templada
- 100 grs. de queso gruyère rallado
- aceite de oliva
- sal

Elaboración:

Cocemos las patatas en una cazuela con agua. Las pelamos y, una vez cocidas, las pasamos por el pasapurés. Añadimos el vaso de leche y mezclamos bien, hasta obtener el puré de patatas. Se vierte éste en una fuente de horno. Con el dorso de una cuchara sopera se forman ocho huecos en el puré. Se cascan los huevos encima de cada hoyo. Se salan ligeramente y se cubren con queso rallado. Se meten al horno y cuando están gratinados se sirven en la misma fuente.

HUEVOS FRITOS CON CHORIZO EN BRICK

Los brick son muy frecuentes en la cocina norteafricana. Su base es una pasta muy fina y ligera que ya se puede encontrar en tiendas especializadas. Puede sustituirse preparando una masa como la de las empanadillas, que debe quedar reducida a un milímetro de espesor.

Ingredientes:

- 6 hojas de pasta de brick
- 6 huevos
- 3 chorizos frescos
- 350 grs. de setas
- 1 kg. de patatas nuevas pequeñas
- aceite de oliva virgen
- pimienta
- sal

Elaboración:

Empezamos deshaciendo los chorizos, quitándoles la piel y picando el relleno hasta que quede muy fino. Lo ponemos en una sartén a fuego lento y dejamos que se vaya haciendo mientras limpiamos las setas con la punta de un cuchillo. Las cortamos en trozos pequeños y las incorporamos a la sartén con el chorizo, rehogando durante cinco minutos más. Sazonamos y reservamos. Lavamos las patatas nuevas, que deben ser muy pequeñas, y las freímos en una sartén con mucho aceite. Lo mantendremos a fuego medio durante un cuarto de hora, para que se cuezan bien, subiendo después el fuego hasta que estén doradas. La piel es tan fina que podemos evitar pelarlas. Mientras se acaban de freír las patatas extendemos las obleas de pasta de brick sobre una superficie lisa. Abrimos un huevo en el centro de una de ellas. Le añadimos una pizca de sal, un par de cucharadas de la mezcla de chorizo y setas y cerramos la hoja de pasta, friéndola rápidamente en aceite muy caliente, hasta que esté bien dorada. Servimos inmediatamente con las patatas nuevas fritas.

EMPANADILLAS DE CERDO

Las empanadillas son las hijas pequeñas de la empanada. Antaño se hacían con restos de la masa y del relleno de las empanadas; como se estiraba mucho la masa, se freían en vez de ponerlas al horno.
Por cierto, en la Edad Media las empanadas eran utilizadas para llevar guisos de un sitio a otro. Un suculento y sabroso medio de transporte.

Ingredientes:

- 2 cebollas
- 1 zanahoria
- 1 tomate
- 200 grs. de champiñones
- aceite
- sal
- cerdo que sobró otro día
- salsa de tomate
- 16 empanadillas

Elaboración:

Picamos fina la cebolla, el tomate y la zanahoria. Lo pochamos todo en una sartén. Añadimos los champiñones cocidos troceados y la carne de cerdo cortada en daditos pequeños, probamos de sal, dejamos enfriar y rellenamos las empanadillas.

Las freímos en aceite y las acompañamos con salsa de tomate.

HOJALDRE DE PUERROS

El hojaldre es uno de los elementos clave en la alta cocina. Por tanto esta receta yo la recomiendo para un día especial. El hojaldre es como el traje del domingo. Una cosa muy elegante, un tanto especial. Hoy ya lo podemos encontrar en las tiendas porque hacerlo en casa es complicado y difícil de coger el punto.

Ingredientes:

- 6 puerros
- 100 grs. de mantequilla
- 1 cucharada de harina
- 1 vaso de nata líquida
- sal
- 1 huevo
- 2 yemas de huevo
- 250 grs. de hojaldre
- pimienta blanca

Elaboración:

Limpiamos los puerros, quitamos la parte verde y cortamos la parte blanca en juliana. Los cocemos en agua hirviendo con sal durante 5 minutos. Los escurrimos y salteamos con mantequilla. Espolvoreamos con una cucharadita de harina. Añadimos la nata, mezclada con las yemas batidas. Salpimentamos.
Estiramos una capa de hojaldre sobre un molde. Cubrimos con los puerros y tapamos con una pieza de hojaldre. Untamos la superficie con huevo batido y horneamos durante 30 minutos a 180 grados.
Retiramos del horno, desmoldamos y servimos.

JAMÓN COCIDO CON ESPÁRRAGOS TRIGUEROS

Los espárragos trigueros son aquellos que crecen fuera de la tierra. Cuando crecen tapados por la tierra son blancos, pero cuando les da el sol se vuelven verdes. Los primeros espárragos los tenemos en el mercado hacia el mes de febrero. Habitualmente éstos son de Córdoba y Sevilla. Luego salen los de Extremadura y al final los de la Ribera del Ebro. Los mejores espárragos trigueros son silvestres. Muy finos y con un gusto amargo. Son todo un lujo.

Ingredientes:

- 8 lonchas de jamón cocido
- 1 remolacha cocida
- 1/2 limón
- sal
- 24 espárragos trigueros
- 1 cogollo de endibia
- aceite de oliva virgen

Elaboración:

Limpiamos los espárragos, quitando la parte dura, los lavamos y cocemos en agua con sal durante unos veinte minutos. Los escurrimos. Extendemos las lonchas de jamón. Colocamos tres espárragos sobre cada una y enrollamos con gajos de endibia. Aderezamos con un hilo de aceite de oliva virgen y el zumo de medio limón.

MACARRONES AL QUESO

El macarrón es la pasta del pueblo. La pasta por excelencia. Fijaos si es sano, que los deportistas siempre incluyen en su dieta los macarrones. Y no digamos nada de los pequeños de la casa. Es su plato preferido. Os recuerdo que los peques tienen un paladar virgen y si a ellos les parece un gran plato, no hay más que comentar.

Ingredientes:

- 60 grs. de mantequilla
- 250 grs. de macarrones hervidos y escurridos
- sal y pimienta
- 6 dl. de salsa mornay
- 50 grs. de jamón cocido en dados
- 50 grs. de queso de cheddar rallado
- 50 grs. de migas de pan rallado

Elaboración:

Caliente el horno a 220 grados. Unte una fuente con una nuez de mantequilla. Ponga los macarrones en un cuenco con la mitad de la mantequilla, la sal, la pimienta, la salsa mornay y el jamón. Mézclelo todo y póngalo en la fuente. Espolvoree con el queso y las migas de pan y rocíe con el resto de la mantequilla. Horno de 10 a 15 minutos o hasta que se dore.

Sírvalos enseguida.

MENUDILLOS A LA PROVENZAL

Los menudillos son de las cosas más ricas que tiene el animal. Hay gente a la que los interiores no le gustan. Lo cual me parece muy bien. Esto hace que el precio no se dispare, como ocurre con otros alimentos que no abundan. Si a todo el mundo le gustasen los interiores, sólo podrían comerlos poca gente, el resto solamente habríamos oído hablar de ellos.
Yo he sido uno de los hombres más felices comiendo interiores. Eso sí, no es muy digestivo, pero tratados con mimo son una auténtica delicia.

Ingredientes:

- 250 grs. de menudillos
- 50 grs. de guisantes
- sal
- 2 dientes de ajo
- 1/2 l. de puré de patata
- 4 champiñones
- aceite de oliva

Salsa provenzal:

- 2 dientes de ajo
- vinagre de sidra
- 1 tomate
- pan rallado
- aceite de oliva virgen
- 1 cucharadita de perejil

Elaboración:

Limpiamos los menudillos, retirando con mucho cuidado la bolsa de hiel y los cortamos en trocitos.
Doramos en la sartén el diente de ajo cortado en láminas, salteando a continuación los menudillos. Dejamos que cojan color y añadimos los champiñones cortados en filetes y los guisantes, que tienen que estar cocidos. Sazonamos dos minutos al fuego. Reservamos.
Ponemos el puré de patatas en el fondo de una fuente, colocamos encima los menudillos y cubrimos con la salsa provenzal. Esta salsa la preparamos con un tomate, pelado y rallado, dos dientes de ajo picados muy finos, un poco de aceite de oliva virgen, otro poco de vino blanco seco y una cucharadita de perejil picado. Ponemos encima un poco de pan rallado para que haga costra en el horno. Gratinamos durante dos o tres minutos. Servimos.

PATATAS A LA RIOJANA

Aquí tenéis un plato que nos demuestra la gran riqueza y calidad de la gastronomía regional. Un plato para impresionar al paladar más exigente. En esta receta se combinan las tres reglas de oro: sano, divertido y barato; añadiría una cuarta, calidad superior.
Las patatas se pueden cocinar de muchísimas formas. A la riojana es, para mí, una de las más interesantes.
Fijaos si es interesante que Paul Bocuse vino en una ocasión a la Rioja y repitió tres veces de patatas a la riojana. No quiso comer más. Impresionante.

Ingredientes:

- 1 kg. de patatas nuevas
- 2 chorizos
- 2 dientes de ajo
- 1 guindilla
- 1 cebolla
- 1 pimiento verde
- 1 hoja de laurel
- pimentón
- aceite
- sal
- agua

Elaboración:

Picamos la cebolla y el pimiento verde y los ponemos a pochar con aceite, un poco de sal, ajo y laurel. Rompemos la patata y la añadimos, junto con el chorizo en lonchas, a las verduras pochadas. Lo cubrimos todo con agua, echamos un poco de sal, la guindilla y el pimentón y lo dejamos durante 40 minutos a fuego no muy rápido.

PATATAS MIMOSAS

Ingredientes:

- 4 patatas medianas
- 1 pimiento morrón
- 2 cebolletas
- sal
- 200 grs. de bonito en aceite
- 8 aceitunas negras
- salsa mahonesa

Elaboración:

Cocemos las patatas, con piel, al fuego lento, poniendo sal y un chorrito de vinagre en el agua, para que no se rompa la piel. Las pelamos y cortamos por la mitad, a lo largo.

Vaciamos cada media patata con una cuchara.

Mezclamos en un bol el bonito en aceite con la cebolleta, picada muy fina, y un poco de salsa mahonesa. Rellenamos las patatas con esta mezcla.

Cubrimos las patatas con el resto de la mahonesa. Adornamos con tiras de pimiento (untado con aceite y sal, asado y pelado) y las aceitunas negras. Espolvoreamos con perejil picado.

PASTEL DE VERDURAS

Ingredientes:

- 300 grs. de zanahorias
- 250 grs. de vainas
- 250 grs. de coliflor
- 20 grs. de espinacas
- 1/2 l. de nata líquida
- 4 huevos
- 2 claras de huevos
- mantequilla
- pan rallado
- sal
- pimienta
- crema de habas frescas

Elaboración:

Primeramente cocemos las vainas, las zanahorias y la coliflor, y pasamos las espinacas por agua hirviendo. Luego preparamos una crema mezclando los huevos, la nata, la sal, la pimienta y, por último, las claras que habremos montado aparte. Ponemos un poco de crema en el fondo de un molde, en el que ya habremos colocado la mantequilla y el pan rallado. Seguidamente ponemos las vainas, una capa de crema, las espinacas, otra capa más de crema y por último, la coliflor. Ponemos el molde en el horno, al baño María, durante 75 minutos a una temperatura de 160 grados. Pasado este tiempo esperamos a que enfríe, sacamos el pastel del molde, lo cortamos en lonchas y, al servirlo en el plato, lo acompañamos con un poco de crema de habas frescas.

PIMIENTOS DEL PIQUILLO CON GAMBAS AL AJILLO

El pimiento del piquillo es el mejor pimiento del mundo, para mí. Se da en la zona de Lodosa (Navarra) y alrededores. Con este pimiento cualquiera disfruta cocinándolo y por supuesto cualquier comensal disfruta un montón con su sabor.
Al cocinero le da un juego enorme. Pero yo recomiendo que no se rebocen, quedan mejor.

Ingredientes:

- 1 lata de pimientos del piquillo
- 1 guindilla
- 24 gambas
- ajo
- aceite de oliva
- sal

Elaboración:

Escurrimos los pimientos, quitando todo el líquido y los ponemos extendidos en una sartén grande, de forma que todos toquen el fondo de la sartén.
Los ponemos a fuego muy lento durante diez minutos, dándoles la vuelta de vez en cuando, para que vayan perdiendo líquido. Cuanto más tiempo lo hagan, más fina será la carne del pimiento.
Pelamos las gambas. Picamos muy fino el ajo y ponemos medio dedo de aceite en una sartén mediana. Doramos el ajo con la guindilla cortada en trozos. Freímos las gambas durante un par de minutos y las rociamos sobre los pimientos, que mantenemos calientes.
Sazonamos y servimos.

PIMIENTOS DEL PIQUILLO RELLENOS DE CALAMARES

Ingredientes:

- 800 grs. de calamares pequeños
- 1/2 l. de bechamel
- 16 pimientos del piquillo
- sal y pimienta negra

Salsa:

- 3 cebollas
- 2 pimientos verdes
- 3 tomates maduros
- 2 dientes de ajo
- la tinta de los calamares
- fumet y aceite

Elaboración:

Limpiamos los calamares con cuidado para que no se rompan las tintas y los reservamos.

Para la salsa: En una cazuela ponemos toda la verdura cortada en dados, o juliana, a sudar hasta que coja color. Una vez que esté pochada la pasamos por el pasapurés.

Cortamos los calamares en tiras de dos centímetros de grosor y los añadimos a la salsa junto con el fumet hasta que los cubra y cocemos durante tres cuartos de hora.

Separamos los calamares de la salsa y añadimos la tinta, dejando hervir durante 15 minutos aproximadamente.

Mientras, hacemos la bechamel y le añadimos dos calamares en trocitos pequeños, ponemos el punto de sal y pimienta.

Dejamos enfriar y rellenamos. La salsa la ponemos debajo para que resalte.

PIZZA DE BONITO CON QUESO

Ingredientes:

- masa de pizza para cuatro personas
- 300 grs. de bonito
- 300 grs. de champiñones
- 100 grs. de gambas
- 200 grs. de queso de nata
- 1 diente de ajo
- tomate frito
- aceite

Elaboración:

Sobre la masa de pizza colocamos el tomate frito y el atún, lo cubrimos con queso y encima del queso ponemos los champiñones, salteados con el ajo y el aceite, y las colas de gambas peladas. Lo metemos al horno durante 20 minutos a 230 grados y a continuación lo servimos.

SOPA DE ESPINACAS

La espinaca es la hortaliza más completa en vitaminas y sales minerales. Por cierto, Popeye es un invento de los productores de espinacas para animar a los niños, y no tan niños, a su consumo. Esta superhortaliza procede del Cáucaso, Irán y Afganistán. Llegó a Europa de la mano de un pueblo sabio, los árabes.

Ingredientes:

- caldo de espinacas de otro día
- puntas de espárragos
- 1/2 kg. de patatas
- 1/2 kg. de espinacas
- 1 diente de ajo
- 1 puñado de pasta variada
- sal
- aceite

Elaboración:

En primer lugar cocemos las patatas ya peladas y las espinacas por separado. Una vez cocidas las espinacas las escurrimos, reservamos el caldo y las picamos.

En este mismo caldo cocemos la pasta durante 15 minutos. Mientras tanto, doramos en la sartén con aceite el diente de ajo.

Añadimos las espinacas picadas y las patatas troceadas. Machacamos todo con el tenedor hasta hacer una especie de puré y lo añadimos a la cazuela con la pasta.

Pelamos el huevo cocido, lo picamos y añadimos a la sopa.

Por último, echamos unas puntas de espárrago y este plato ya está listo para servir.

SOPA DE AJO CON ALMEJAS

Nuestros abuelos comieron muchas sopas de ajos, pero no porque les gustaban, sino porque eran pobres. Eran tan pobres que eran sabios y sabían hacer de una sencilla sopa de ajos un manjar.
Ésta es la gran receta que nos han dejado nuestros abuelos. Por 10 pesetas tenemos un plato exquisito. Y ya sabéis que la sopa de ajo se cuece cuarenta minutos mejor que veinte. Lo más caro de este plato, la energía (gas o electricidad).

Ingredientes:

- 150 grs. de pan del día anterior
- 4 dientes de ajo
- aceite
- 1 cucharada de café de pimentón
- 1/4 kg. de almejas
- 1 litro y medio de agua

Elaboración:

En una cazuela ponemos el ajo con aceite a dorar. Se incorpora el pan duro picado, se rehoga y se añade el pimentón. Se rehoga bien y se pone el agua y la sal y se deja cocer a fuego suave unos 20 minutos. Se añaden las almejas, se prueba de sal y se deja cocer otros 15 minutos más.

SOPA DE PESCADO

Ya sabéis que sopas de pescado hay tantas como amas de casa y ésa es la gran riqueza de la cocina española, la variedad. Y eso, por ejemplo, no lo tienen los franceses. Aquí, sin embargo, en cada casa hay una receta de sopa de pescado. Ese es nuestro orgullo, aquí va una de las mías.

Ingredientes:

- 1 cebolla
- 1 puerro
- 1/4 de barra de pan
- 150 grs. de almejas
- 1 zanahoria / 1 diente de ajo
- 200 grs. de rape
- aceite de oliva
- 1 tomate
- 1/2 vaso de cognac
- 150 grs. de gambas / sal

Para el caldo:

- 1 cebolla
- 1 kg. de espinas de pescado
- 1 puerro / 3 l. de agua
- 1 zanahoria

Elaboración:

Lo primero es preparar el caldo limpiando las verduras y poniéndolas junto con las espinas en una cazuela con tres litros de agua. Se cuece a fuego lento hasta que se reduzca a una tercera parte, quedando un litro de caldo.

Limpiamos, lavamos y picamos el resto de las verduras y las pochamos en una cazuela con un poquito de aceite de oliva y sal.

Tostamos el pan y lo picamos antes de incorporarlo a la cazuela (cuando la verdura esté dorada). Rehogamos, añadimos el cognac y flambeamos. Removemos y añadimos el caldo de pescado (bien colado y filtrado).

Dejamos que cueza durante unos veinte minutos. Añadimos el rape troceado, las gambas y las almejas, dejando cocer otros diez minutos a fuego lento. Rectificamos de sal y servimos.

SOPA DE CALABAZA CON ALMEJAS

Ingredientes:

- 500 grs. de calabaza
- 2 patatas
- 1 pimiento verde
- aceite de oliva
- 16 almejas
- 1 cebolla
- 1 tomate
- sal
- 4 cigalas
- 2 zanahorias
- 1 puerro

Elaboración:

Lavamos, limpiamos y picamos muy finas todas las verduras. Pelamos, quitamos las pepitas y cortamos en trozos la calabaza (las mejores son las redondas). Las rehogamos en una cazuela con un chorrito de aceite. Cubrimos con un litro y medio de agua, sazonamos y dejamos hervir durante media hora.

Pasamos la crema por el pasapurés y ajustamos de sal. Cocemos las cigalas en la crema durante cuatro o cinco minutos.

Mientras tanto, abrimos las almejas en una sartén con un chorrito de aceite. Añadimos a la crema en el momento de servirla.

Si se quiere que la crema esté más espesa, se puede añadir un poco de fécula.

TALLARINES BOLOÑESA

Ingredientes:

- 250 grs. de tallarines
- 2 puerros
- 2 zanahorias
- 2 cebolletas
- 200 grs. de carne picada
- salsa de tomate
- sal y pimienta
- aceite

Elaboración:

Con la verdura picada fina se pocha en una cazuela. Se le añade la carne y el tomate, se salpimenta y se reserva. La pasta cocida en agua hirviendo con mantequilla, 8 minutos, se lava y se saltea en una sartén con mantequilla. Se ponen los tallarines en el plato probados de sal y la salsa en el centro.

REVUELTO DE ACELGAS CON PATATAS FRITAS

La acelga es una verdura que, gracias a los invernaderos, se cultiva ahora todo el año. Pueden conservarse largo tiempo congeladas; para ello es necesario hervirlas previamente durante unos dos minutos.
Sobre la acelga hay un refrán, sabio como todos los refranes, que me gusta mucho: «Acelgas bonitas, de día las pencas y de noche las hojitas».

Ingredientes:

- 1 kg. de acelgas
- 2 dientes de ajo
- 4 huevos
- aceite de oliva
- 2 patatas grandes
- sal

Elaboración:

Empezamos por limpiar bien las acelgas, separando las hojas de las pencas, lavándolas bien para que no haya restos de tierra y retirando los hilillos que contienen las pencas. Las cocemos en abundante agua con sal, echándolas a la cazuela cuando empieza el hervor y manteniéndolas durante quince o veinte minutos. Después las escurrimos bien para que queden totalmente secas. Mientras hierven las acelgas se pueden ir friendo las patatas, cortadas en rodajas finas, como se acostumbra hacer para tortilla. Una vez fritas, se escurre bien el aceite, se salan y se reservan. En este momento ponemos a dorar los ajos, cortados en láminas, en una sartén con tres cucharadas de aceite. Cuando empiecen a coger color añadimos las hojas de las acelgas y las rehogamos, agregamos a continuación las patatas fritas, los seis huevos y removemos con una cuchara de madera para que los huevos se rompan. Hay que servirlos en el momento en que el huevo cuaje, pero sin dejarlo mucho tiempo para que no quede demasiado seco.

REVUELTO DE BACALAO CON SALSA DE CALAMARES

Ingredientes:

- 6 trozos de bacalao
  de unos 150 grs. cada uno
- 6 huevos
- 5 cebollas
- 4 pimientos verdes
- 4 dientes de ajo
- 3/4 l. de aceite de oliva
- 1 cucharada de perejil picado
- 2 bolsas de tinta
- 100 cl. de caldo de pescado
- miga de pan
- sal

Elaboración:

Como sucede cada vez que trabajamos el bacalao, el primer paso se da al menos 24 horas antes. Precisamente cuando se ponen las tajadas de bacalao en remojo, con abundante agua fría. El proceso dura entre 24 y 48, en función del grosor de las tajadas y del tipo de curación, cambiando el agua tres veces. Si no tenemos en el congelador alguna sobra de salsa de calamares podemos prepararla picando dos cebollas y un diente de ajo. Los rehogamos a fuego lento en una cazuela ancha con un par de cucharadas de aceite de oliva sin dejar que cojan color. Cuando la cebolla empiece a transparentar, añadimos el caldo de pescado y dejamos cocer a fuego lento y con la cazuela tapada durante una hora más. Majamos entonces en un mortero las bolsas de tinta con un poco de miga de pan, le añadimos un poco de caldo de las cebollas e incorporamos el majado a la cazuela, dejamos que hierva diez minutos más, ajustamos la sal y pasamos la salsa por el pasapu-

rés. La reservamos en un cazo pequeño. Mientras preparamos la salsa podemos ir desmigando el bacalao, ya desalado, retirando las pieles y la espina. Cortamos en tiras finas las cebollas y los pimientos verdes y picamos los ajos. Los rehogamos a fuego lento en una cazuela de barro, ancha y baja, con un par de cucharadas de aceite, hasta que empiecen a tomar color. Añadimos entonces el bacalao desmigado, rehogamos durante un minuto y apartamos la cazuela del fuego para removerla y conseguir que suelte la gelatina que contiene. Cuando hayamos ligado la salsa añadimos más aceite, poco a poco, y seguimos moviendo la cazuela hasta que hayamos ligado toda la salsa. Subimos entonces el fuego y añadimos los huevos batidos con un poco de sal, removiendo con una espátula hasta que queden cuajados, pero sin dejar que se sequen. Servimos inmediatamente, cubriendo el fondo del plato con salsa negra.

VOLOVANES DE CORDERO

Ingredientes:

- 200 grs. de riñones de cordero
- 200 grs. de hígado de cordero
- 1 pimiento verde
- 1/2 vaso de caldo
- aceite de oliva
- 2 dientes de ajo
- perejil picado
- 200 grs. de mollejas de cordero
- 1 pimiento rojo
- 1 cebolleta
- 1 vaso de vino tinto
- 1/2 vaso de nata
- 4 volovanes grandes
- sal

Elaboración:

Rehogamos en una sartén, a fuego vivo y con un chorrito de aceite, un pimiento rojo, un pimiento verde y una cebolleta cortados en juliana fina. Los mantenemos durante dos o tres minutos.
Ponemos en la misma sartén las mollejas limpias y cortadas en trocitos, los riñones, limpios y cortados en filetes finos, y el hígado, cortado en daditos. Rehogamos, sazonamos y añadimos un vaso de vino tinto y medio vaso de caldo, dejamos reducir durante dos minutos, hasta que el líquido se reduzca a la mitad.
Ponemos otro medio vaso de nata líquida y una cucharadita de perejil picado. Cocemos a fuego lento durante dos o tres minutos.
Rectificamos de sal antes de rellenar los volovanes ya horneados.

PESCADOS

ABADEJO CON BERZA

Ingredientes:

- 4 lomos de abadejo
- 1 manojo de albahaca
- 1/4 l. de fumet de pescado
- sal
- 2 tomates
- queso idiazábal
- harina de maíz
- 4 hojas de berza
- 100 grs. de mantequilla
- pimienta negra

Elaboración:

Cortamos el abadejo en lomos y los salpimentamos. Colocamos el tomate picado (pelado, sin semillas) encima de los lomos. Escaldamos las hojas de berza y envolvemos con ellas los filetes de abadejo. Cocemos al vapor, sobre un caldo de verduras, durante diez minutos.
Para la salsa hay que preparar un caldo de pescado muy concentrado. Lo mezclamos con la albahaca muy picada, el queso rallado y la mantequilla. Ligamos con un poco de harina de maíz diluida en agua fría. Cubrimos el fondo del plato con la salsa y colocamos encima los rollos de berza y abadejo. Lo adornamos con hojas de menta o hierbabuena.

ALMEJAS A LA PLANCHA CON REFRITO

Ingredientes:

- 500 grs. de almejas
- 2 cucharadas de aceite de oliva
- 4 trocitos de guindilla
- 4 cucharadas de caldo de pescado
- 2 dientes de ajo
- 1 cucharada de perejil
- 1/2 limón pequeño
- sal

Elaboración:

Limpiamos las almejas, frotándolas bajo el chorro de agua fría, y las abrimos en una plancha caliente. Mientras se abren, preparamos un refrito con aceite de oliva, dos dientes de ajo picados y unos trocitos de guindilla; en cuanto se doren, añadimos un poquito de harina, dejamos que se dore y añadimos cuatro cucharadas de caldo de pescado muy concentrado. Cuando hierva incorporamos el zumo de medio limón pequeño, una cucharada de perejil picado y el jugo que hayan soltado las almejas al abrirse. Ponemos las almejas en una fuente, damos el último hervor a la salsa y rociamos con ella las almejas. Servimos inmediatamente.

ANCHOAS PAPILLOT

Yo suelo esperar la entrada de la anchoa en primavera, como otros esperan con ansiedad el comienzo de la liga. La espero con ilusión, la disfruto y me la como de 25 maneras distintas. Es un verdadero deleite.

Ingredientes:

- 600 grs. de anchoas
- 2 cebolletas
- 2 pimientos verdes
- dientes de ajo
- 1 vaso de sidra o vino blanco
- aceite
- sal
- pimienta

Elaboración:

Ponemos un poco de aceite en la sartén, añadiendo la verdura troceada a pochar con unas láminas de ajo machacado. Una vez que ha alcanzado el dorado —4 minutos—, pondremos las anchoas, ya limpias y saladas, echaremos el vaso de sidra y un poco de pimienta blanca. Al cabo de 3 minutos, ya están listas para servir.

BACALAO A LA VIZCAÍNA

Ingredientes:

- 8 trozos de bacalao
- aceite de oliva
- 3 cucharadas de salsa de tomate
- sal
- 1 cabeza de ajos
- 1 kg. de cebollas rojas
- 1 guindilla
- 1 pimiento verde
- 15 pimientos choriceros

Elaboración:

Desalamos el bacalao durante unas 40 horas, cambiando tres veces el agua. Picamos muy fina la cebolla, pochándola a fuego muy lento con media cabeza de ajos, durante tres cuartos de hora, y removiendo constantemente sin dejar que se agarren. Damos tres hervores seguidos, en aguas distintas, a los pimientos choriceros para que se reblandezca la carne y podamos sacarla bien. Escurrimos después del último hervor, los cortamos y quitamos la pulpa raspando con un cuchillo o cucharilla. Cuando la cebolla esté lista añadimos la carne de los pimientos choriceros y tres cucharadas de salsa de tomate. Lo removemos bien y dejamos que hierva durante 10 minutos más. Si se seca, se puede añadir un poco de agua o de caldo de pescado. Ponemos mientras tanto el bacalao en una tartera con aceite caliente, la otra media cabeza de ajos y unos trozos de guindilla, dejándolo al fuego durante unos 6 minutos, sin que llegue a hervir, para que el bacalao se cueza en lugar de freírse. Disponemos el bacalao en una fuente, pasamos la salsa por un chino y la rociamos sobre las tajadas de bacalao. Decoramos con unas tiras fritas de pimiento verde.

ALBÓNDIGAS DE BACALAO CON GAMBAS

Ingredientes:

- 800 grs. de bacalao
- 24 gambas
- 2 claras
- 2 dientes de ajo
- 1 cebolleta
- pan rallado
- harina de maíz (maizena)
- salsa verde
- perejil
- sal
- aceite

Elaboración:

Una vez hayamos desmigado el bacalao, procedemos a mezclarlo con el pan rallado, las claras y el ajo y el perejil picados. Mientras vamos dando forma y enharinando la masa, ponemos a calentar la salsa verde en una sartén. Una vez caliente, echamos las albóndigas y dejamos que se vayan haciendo mientras vamos dándoles la vuelta. Añadimos las gambas y, a los diez minutos, sacamos la sartén del fuego. El plato se presentará poniendo las albóndigas en una fuente y, en el centro, las gambas.

COD con patatas

BACALAO CON PATATAS

Ingredientes:

- 4 patatas
- 4 trozos de bacalao
- 1 cebolla
- 2 dientes de ajo
- caldo
- 1 huevo
- harina
- 3 cucharadas de salsa de tomate
- perejil picado
- sal

Elaboración:

Desalamos el bacalao, manteniéndolo 48 horas en agua fría, que cambiaremos 3 veces. Quitamos la piel y las espinas y con ellas y alguna esquina de bacalao hacemos un caldo. Lo colamos y reservamos a fuego lento, dejándolo cercano a la temperatura de ebullición.

Pelamos las patatas y las cortamos en lonchas de 1/2 cm. de grosor. Picamos la cebolla y dos dientes de ajo, sofriéndolos a continuación en una cazuela con un poco de aceite de oliva y sal. Añadimos las patatas cuando transparente la cebolla, las rehogamos uno o dos minutos, añadimos perejil picado y cubrimos con el caldo hecho con los restos del bacalao. Dejamos cocer unos 20 minutos a fuego lento.

Mientras tanto, rebozamos los trozos de bacalao en harina y huevo, friéndolos en aceite de oliva caliente, apenas medio minuto por cada lado. Incorporamos el bacalao y la salsa de tomate al guiso y dejamos cocer otros cinco minutos, moviendo la cazuela de vez en cuando para que trabe la salsa.

KOKOTXAS AL CLUB RANERO

Ingredientes:

- 1 kg. de kokotxas
- 1/2 l. de aceite de oliva
- 1 tomate
- 3 dientes de ajo
- 1/2 guindilla
- 2 pimientos verdes
- 2 cebollas
- 4 dientes de ajo

Elaboración:

Pelamos dos dientes de ajo y los doramos en el aceite de oliva en una cazuela de barro. Los retiramos e incorporamos las kokotxas de bacalao ya desaladas durante 48 horas. Las mantenemos a fuego lento durante 10 minutos para que se hagan. Retiramos del fuego y dejamos enfriar.

Mientras tanto, preparamos la fritada, pochando con un poco de aceite y dos pimientos cortados finos, el tomate pelado y picado, las cebollas cortadas en juliana, un trozo de guindilla y otros dos dientes de ajo. Lo sazonamos y dejamos el fuego, removiendo de vez en cuando durante cinco o seis minutos.

Ligamos el pil-pil de las kokotxas, añadimos la fritada y volvemos a mover manteniendo al fuego, sin dejar de ligar, durante dos minutos. Lo servimos caliente.

CALAMARES AL VINO BLANCO

Ingredientes:

- 4 calamares
- 1 diente de ajo
- 100 grs. de jamón cocido
- 1 vaso de salsa de tomate
- 1 cebolleta
- aceite
- 4 rebanadas de pan de molde
- 1 vaso de vino blanco

Elaboración:

En una sartén doramos la cebolla picada fina y un diente de ajo, los tentáculos y las alas de los calamares picados. Salteamos durante unos minutos y añadimos el jamón cocido picado y también cuatro rebanadas de pan de molde picado muy fino. Se deja cocer todo junto unos dos o tres minutos.

Se retira del fuego y se agregan el huevo, la sal y la pimienta, mezclándolo bien y rellenamos los calamares limpios. Los cerramos con la ayuda de unos palillos y los colocamos en una fuente resistente al calor. Entonces se riegan con la salsa de tomate y el vino blanco. Por último, se cubre la fuente con papel de aluminio y se mete al horno caliente a 180 grados durante 45 minutos.

También se pueden saltear los calamares rellenos en aceite de oliva para dorarlos un poco antes de ponerlos en el horno.

ALBÓNDIGAS DE CAZÓN CON TOMATE

El cazón es un tiburón muy abundante en ls aguas españolas y muy popular en la cocina andaluza. Con este pescado, no muy cotizado por cierto, los marineros hacen auténticas maravillas culinarias. Aunque la carne es de color blanco, se trata de un pescado azul. Es, por tanto, bueno para dietas bajas en grasas. En albóndigas, es todo un espectáculo. No hay espinas, no hay pieles y con una buena salsa, es un plato de primera categoría. Haced la prueba.

Ingredientes:

- 1 kg. de cazón
- 1 cebolla
- 2 huevos
- pan
- aceite
- perejil
- sal
- pimienta
- harina

Para la salsa de tomate:

- 1 cebolla
- 1 diente de ajo
- aceite
- 5 tomates

Elaboración:

Limpiamos bien de espinas la carne del cazón y la picamos muy finamente. Le añadimos una cebolla picada muy fina, dos huevos, 2 rebanadas de pan tostado muy desmigadas, una cucharadita de perejil picado, sal y pimienta. Mezclamos bien todos los ingredientes y vamos formando las bolas. Pasamos estas por harina y las freímos en aceite muy caliente. Una vez estén todas fritas las incorporamos a la salsa de tomate.

Salsa de tomate: Rehogamos en una sartén con aceite una cebolla picada fina y un diente de ajo. Le añadimos los tomates pelados y sin pepitas (para pelarlos se escaldan en agua sin que llegue a hervir). Picamos el tomate y lo dejamos reducir con el resto de los ingredientes en la sartén junto con las albóndigas. Esta operación se hará a fuego lento durante 15 o 20 minutos para que espese la salsa de tomate. Probamos de sal y servimos.

conger eel

CONGRIO SALTEADO CON GUISANTES

Es uno de los pescados más agresivos que conozco y se puede preparar de multitud de maneras diferentes. Comienzan a pescarse en octubre y se acaban en junio.
Este pescado, muy parecido a la anguila, tiene dos partes. La abierta y la cerrada. La cerrada es la de la cola y tiene muchas espinas, ideal para hacer un buen caldo. La otra parte, la abierta, está a continuación de la cabeza, y casi no tiene espinas. Ésta es la que tenéis que usar para guisar, un manjar siempre que se trate con cariño.

Ingredientes:

- 1 1/2 kg. de guisantes
- 6 cebollitas
- 150 grs. de tocino ibérico
- 1 kg. de congrio en un solo trozo
- aceite
- perejil
- sal
- pimienta
- 1 vaso de agua

Elaboración:

Desgranamos los guisantes y pelamos las cebollitas. Lo escaldamos todo junto durante 5 minutos, escurrimos y dejamos enfriar.
Cortamos en lonchas finas el tocino ibérico y lo escaldamos unos minutos, escurrimos y también dejamos enfriar.
Quitamos la piel al congrio y lo doramos en una cazuela con un poco de aceite. Cuando esté bien dorado añadimos los guisantes, las lonchas de tocino ibérico, las cebollas y las ramitas de perejil.
Por último agregamos sal, pimienta y un vaso de agua. Lo tapamos y dejamos cocer a fuego lento entre 20 y 30 minutos.

CONGRIO GUISADO

Ingredientes:

- 1 kg. de congrio
- 1/2 cebolla
- 1 pimiento rojo
- aceite de oliva
- perejil
- 1/2 vaso de vino blanco seco
- 1 ajo
- azafrán
- sal

Elaboración:

Picamos muy finos la cebolla y los ajos. Rehogamos en una cazuela ancha con aceite de oliva. Cuando estén transparentes, separamos la cazuela del fuego, dejando que pierda temperatura y añadimos los filetes de congrio. Ponemos nuevamente al fuego y no dejamos de mover la cazuela para que espese la salsa.

En cuanto la salsa empiece a ligarse, se incorpora el azafrán y el perejil. Removemos un poco más y unimos el vino blanco. Subimos un poco el fuego, para que recupere rápido el hervor, y lo dejamos cociendo.

CONGRIO CON TOMATE

Ingredientes:

- 4 trozos de congrio
- 6 tomates
- 2 pimientos verdes
- 2 cebollas
- 2 dientes de ajo
- 1 copa de vino blanco
- aceite de oliva virgen
- sal
- harina

Elaboración:

Empezamos salando los trozos de congrio y dejándolos escurrir mientras avanzamos con la receta.

Picamos muy fina la cebolla y el ajo, y el pimiento en tiras estrechas, poniéndolos en una cazuela ancha a fuego lento con dos o tres cucharadas de aceite de oliva. Mientras se rehogan, sin que lleguen a coger color, cortamos los tomates por la mitad y los pasamos por el rallador, obteniendo una pulpa fina y suelta, separando la piel.

Cuando la cebolla esté transparente, subimos un poco el fuego hasta que empiece a coger color, añadiendo el tomate. Bajamos nuevamente el fuego y dejamos que cueza a fuego lento cinco minutos. Freímos los trozos de congrio vuelta y vuelta, pasados por harina, en una sartén. Añadimos los filetes de pescado, sazonamos la salsa, lo rociamos con la copa de vino blanco y dejamos que cueza durante siete u ocho minutos más. Se sirve inmediatamente.

CHICHARROS A LA NAVARRA

Ingredientes:

- 4 chicharros medianos
- 3 dientes de ajo
- pan rallado
- orégano
- pimentón
- aceite de oliva
- sal

Elaboración:

Limpiamos los chicharros, cortamos la cabeza y quitamos la espina central, dejando sueltos los dos lomos.
Majamos en un mortero los ojos, picados, el pimentón y el orégano con un poco de aceite de oliva y sal. Añadimos el pan rallado y formamos una masa.
Ponemos 4 lomos de chicharro, con la piel hacia abajo, en una placa de horno untada con aceite. Los cubrimos con el majado y ponemos encima los otros 4 lomos de chicharro, con la piel hacia arriba. Los rociamos con un chorrillo de aceite de oliva y horneamos durante 15 minutos, a 150 grados. Disponemos en una fuente y servimos.

CHICHARROS RELLENOS

Ingredientes:

- 16 anchoas
- 16 chicharrillos
- 3 huevos cocidos
- 1 cucharada de alcaparras
- 4 tomates
- queso rallado
- sal

Elaboración:

Limpiamos y desespinamos los chicharros, quitamos las cabezas, los abrimos y sazonamos por los dos lados.

Pelamos, despepitamos y picamos los tomates. Ponemos las tres cuartas partes en una sartén con aceite de oliva. Los rehogamos durante unos minutos y los sazonamos.

Ponemos una anchoa en aceite dentro de cada chicharro y los colocamos en la sartén, sobre el tomate, manteniéndola al fuego. Lo cubrimos con los huevos cocidos, picados muy finos, rociamos con las alcaparras, repartimos sobre ellas el tomate restante y espolvoreamos con el queso rallado.

Gratinamos durante ocho minutos. Se sirve cuando todavía esté caliente.

GALLOS CON ALMENDRAS

Ingredientes:

- 16 filetes de gallo
- 1/2 cebolla
- 1/2 cucharada de harina
- sal
- 1 diente de ajo
- aceite de oliva
- perejil picado
- 2 cucharadas de almendras
- 1 nuez de mantequilla
- 1/2 vaso de vino blanco
- 1/2 vaso de fumet de pescado

Elaboración:

Cortamos los gallos en filetes y los sazonamos. Los salteamos en una sartén con la mantequilla y los reservamos.
Pochamos la cebolla y el ajo con aceite de oliva. Añadimos la harina y el vino blanco, y dejamos reducir a la mitad. Añadimos la mantequilla donde se han dorado los gallos y el fumet de pescado (es un caldo de pescado muy concentrado que se puede preparar con las espinas y las cabezas de los gallos). Lo dejamos cocer hasta que se espese.
Colocamos los gallos en una fuente. Echamos por encima la salsa y espolvoreamos con la almendra, tostada en una sartén y molida. Calentamos en el horno durante unos 10 minutos. Espolvoreamos con perejil picado y servimos.

'dory'

ROLLITOS DE GALLO AL VAPOR

Ingredientes:

- 8 filetes de gallo
- 12 gambas
- 1 calabacín
- 1 puerro
- 1 zanahoria
- pimienta negra
- sal

Para la salsa:

- aceite de oliva
- 1 huevo
- leche
- mostaza de hierbas
- 1/2 limón
- sal

Elaboración:

Limpiamos los gallos, cortándolos en filetes y reservamos las cabezas y las espinas. Pelamos las gambas en crudo, quitando las cabezas y reservando las colas. Preparamos un caldo muy concentrado con las cabezas, las cáscaras de las gambas, las espinas y las cabezas de los gallos. Cortamos en juliana el puerro, la zanahoria y el calabacín, y los salteamos con un poco de aceite hasta que estén tiernos. Los escurrimos y reservamos.

Ponemos el caldo en el fondo de la vaporera y lo llevamos a ebullición. Mientras tanto, extendemos los filetes de gallos, los sazonamos y colocamos, en el centro de cada uno, una parte de las verduras salteadas y tres gambas. Enrollamos el filete y lo cerrramos con un palillo. Ponemos los rollitos en la rejilla de la vaporera, tapamos y dejamos cocer unos trece minutos. Preparamos una mahonesa con el huevo, el aceite de oliva y el zumo del limón. La aderezamos con un poco de mostaza y la aligeramos con un poco de leche. Colocamos la salsa en el fondo del plato y situamos sobre ella los rollitos.

SARDINAS AL HORNO

Con la sardina tengo una sensación parecida a la de la anchoa. La forma ideal para cocinar la sardina es a la parrilla. Un plato para enamorados. Comer unas sardinas a la parrilla con una botella de sidra en compañía de tu pareja es una experiencia inolvidable. Y si no me creéis, probadlo.
Mejor 6 veces al año que una.

Ingredientes:

- 20 sardinas
- 1 pimiento verde
- 1 cebolleta
- 1 diente de ajo
- vinagre
- aceite
- sal
- pan rallado
- perejil

Elaboración:

Limpiamos las sardinas, las abrimos y les añadimos sal para a continuación colocarlas sobre una placa de horno. Salteamos la cebolleta y el pimiento verde cortado en juliana y el ajo picado; lo añadimos por encima de las sardinas. Echamos también un chorrito de aceite, unas gota de vinagre, pan rallado y perejil y lo metemos todo al horno calliente a 180 grados durante 15 minutos.

COLAS DE RAPE ASADAS CON VINAGRE

«El rape es como el hombre y el oso, cuanto más feo más sabroso». Está claro ¿no? Su aspecto es horrible, sin embargo su carne es blanca, nacarada, prieta, perfecta vamos.
Una anécdota curiosa, es que con este pescado algunos cocineros trampeaban haciéndolo pasar por langosta. En aquella época el rape era despreciado. Otros nombres que recibe son: sapo, pejesapo, rata, rana de mar, etc. Los rapes con el vientre gris son los mejores, provienen del Océano Atlántico, los de vientre blanco son algo inferiores y proceden del Mar Mediterráneo.

Ingredientes:

- 4 colas de rape (de ración)
- 3 dientes de ajo
- sal
- perejil
- vinagre (1/2 vaso)
- pimentón dulce
- aceite (1 vaso)
- agua
- 2 brécoles

Elaboración:

El primer paso es salar las 4 colas de rape de ración que estarán limpias pero con espina. Las colocamos en la placa del horno y las rociamos con la siguiente salsa:

En un mortero ponemos 3 ajos, sal y un poco de perejil picado y lo machacamos todo bien. A este mortero le añadimos medio vaso de vinagre y un vaso de aceite. Si no nos entra en el mortero haremos la mezcla en un recipiente mayor, sin olvidarnos de agregarle una pizca de pimentón dulce.

Rociado el rape con la salsa, lo metemos al horno durante 20 minutos a 180 grados, dándoles vuelta a las colas cada 5 minutos y si vemos que están quedando secas, les echaremos un poco de agua.

Por otra parte, en un cazo con agua hirviendo y un poco de sal, cocemos 2 brécoles durante 10 minutos y los escurrimos.

Para servir, colocamos el rape en el plato, echamos la salsa sin ligar por encima y ponemos el brécol de guarnición.

RAPE A LA AMERICANA

Ingredientes:

- 1 kg. de tomates maduros
- 16 carabineros
- 16 filetes de rape
- 1/2 vaso de brandy
- 1 rama de estragón fresco
- sal
- 3 cebollas
- 8 langostinos
- caldo de pescado
- 2 nueces de mantequilla
- perejil picado

Elaboración:

Escaldamos los tomates, los pelamos, quitamos las pepitas y los picamos. Rehogamos la cebolla, picada muy fina, hasta que empiece a tomar color. Le añadimos el tomate, sazonamos y mantenemos a fuego lento. Pelamos los carabineros y los langostinos. Añadimos las cabezas y las cáscaras al sofrito. Flambeamos con la mitad del brandy, mojamos con una taza de caldo de pescado y dejamos hacer a fuego lento durante media hora, removiendo para que no se agarre. Lo pasamos con la batidora y luego por el chino (si es necesario se pasa también por un cedazo para que quede lo más fina posible). Reservamos.
Limpiamos los filetes de rape y los sazonamos por los dos lados. Rehogamos en una cazuela baja los langostinos y los carabineros con la mantequilla y un poco de aceite, para que no se queme la mantequilla. Incorporamos el rape, rehogamos hasta que cambie de color y flambeamos con el resto del brandy. Lo aderezamos con un poco de estragón y añadimos la salsa. Cocemos durante tres minutos más, espolvoreamos con perejil y servimos.

RAPE AL AZAFRÁN

Ingredientes:

- 1/2 kg. de rape
- 1 pimiento verde
- 1 cebolla
- 1 tomate
- 1 diente de ajo
- caldo de pescado
- txakolí
- harina de maíz
- azafrán
- aceite
- sal
- perejil

Elaboración:

Pochamos el ajo, el pimiento, la cebolla y el tomate (en dados) en una sartén con aceite. Sazonamos el rape, lo pasamos por harina de maíz y lo colocamos en la sartén, sobre la verdura pochada. Echamos un chorrito de txakolí y un poco de caldo, añadimos el perejil, espolvoreamos con un poquito de azafrán y dejamos que se haga tres minutos por cada lado.

LUBINA CON LECHUGA

Ingredientes:

- 1 lubina
- 3 cebolletas
- aceite de oliva
- sal
- 10 hojas de lechuga

Elaboración:

Escaldamos las hojas de lechuga, las escurrimos y reservamos.
Limpiamos y desespinamos la lubina. Picamos la cebolleta muy fina y la colocamos en el interior de la lubina. Volvemos a cerrarla y la envolvemos con las hojas de lechuga.
La diponemos sobre una hoja de papel de aluminio, rociamos con un chorro de aceite, sazonamos y cerramos, haciendo un paquete que colocaremos en el horno.
Horneamos 20 minutos a fuego medio. Se saca del horno, se abre el paquete y se pasa la lubina a una fuente de servicio. Antes de servir la rociamos con el jugo que haya soltado al asarla.

ROLLITOS DE PESCADO CON BACON

Ingredientes:

- 12 filetes finos de bacalao fresco
- 12 lonchas de bacon
- 1 limón
- 1 huevo
- sal
- pan rallado
- aceite de oliva
- pimienta blanca
- 400 grs. de guisantes

Elaboración:

Aplastamos los filetes. Los rociamos con el zumo del limón, los sazonamos, enrollamos y los rodeamos con una loncha de bacon. Los sujetamos con un palillo. Los pasamos por huevo y pan rallado y los freímos en aceite caliente. Los escurrimos sobre un papel absorbente. Cocemos los guisantes en agua salada hirviendo. Los escurrimos y salteamos con los recortes del bacon en un poco de mantequilla. Los servimos acompañando los rollitos.

SALMÓN AL VAPOR

Esta receta está hecha con salmón de piscifactoría. Porque el silvestre está a un precio imposible, carísimo. Lo bueno de este pescado es que tiene poca cabeza y casi nada de tripa, por tanto se come casi todo. Lo importante en su elaboración es el punto de cocción, siempre es mejor quedarse corto que pasarse. Por regla general los pescados hay que hacerlos poco. Es un plato sencillo, fácil de preparar y sobre todo es rápido de hacer y digestivo.

Ingredientes:

- cola de salmón
- 1 cebolla
- 1 pimiento verde
- 4 patatas no muy grandes
- 1/2 vaso de aceite
- 1/2 vaso de vino blanco
- 18 gambas
- perejil
- 2 trozos de papel de aluminio

Elaboración:

Pelamos y cortamos en juliana todos los ingredientes, excepto las gambas. Una vez hecho esto colocamos sobre el papel de aluminio la verdura como si fuera una cama, seguidamente cubrimos con la patata sazonándola previamente y seguido el salmón. Colocamos los adornos, las gambas peladas, espolvoreamos el perejil y rociamos con el aceite y el vino blanco.

Cerramos muy bien el papel y lo metemos al horno aproximadamente 12 minutos a 190-200 grados.

Por regla general, cuando se hincha está hecho, pero depende del horno y del pescado en cuestión. En caso de que no esté hecho, lo volvemos a cerrar y lo metemos otra vez al horno.

MARMITAKO DE SALMÓN

Es un plato auténticamente marinero. En la cornisa del Cantábrico y sobre todo en el País Vasco se han cocinado cantidad de marmitakos. Los barcos que pescaban bonito tenía como dieta principal este plato. En un principio lo cocinaban con pan. Posteriormente, tras el descubrimiento, se comenzó a guisar con patatas y fue evolucionando y perfeccionándose con el pimiento verde más la cebolla. Su época es el verano y sobre todo el final del verano; es cuando el bonito está más barato.

Ingredientes:

- 800 grs. de salmón
- 2 zanahorias
- 1 diente de ajo
- 6 patatas
- sal
- 1 puerro
- perejil picado
- 1 cebolla
- 1 rama de apio

Elaboración:

Pedimos en la pescadería que corten el salmón en un trozo, quitando la piel y las espinas. Preparamos un caldo con ellas, media cebolla, el puerro, las zanahorias y el apio. Lo pasamos por un colador muy fino y lo mantenemos al fuego, en una cazuela, para que no se enfríe.
Pochamos en una cazuela la otra media cebolla con el ajo y el aceite de oliva. Añadimos las patatas, cortadas en trozos medianos. Sazonamos, rehogamos un par de minutos y añadimos el caldo y un poco de perejil picado. Dejamos cocer a fuego lento durante unos veinticinco o treinta minutos.
Sazonamos el salmón, cortado en trozos pequeños y dejamos cocer, con la cazuela tapada, otros cuatro minutos.

SALMÓN GRATINADO

Ingredientes:

- 4 lomos de salmón de unos 125 grs.
- 16 espárragos
- 50 grs. de mantequilla
- pimienta blanca
- sal

Para la salsa holandesa:

- 3 yemas de huevo
- 300 grs. de mantequilla
- 1/2 limón
- sal

Elaboración:

Cocemos los espárragos verdes en agua hirviendo con sal, durante 10 minutos. Los escurrimos y salteamos en una sartén con 50 grs. de mantequilla, hasta que se doren. Los reservamos calientes.
Salpimentamos los lomos de salmón, los colocamos en una placa de horno y los horneamos a fuego lento durante 8 minutos.
Preparamos mientras tanto la salsa holandesa. Para ello hay que batir las yemas de huevo en un bol puesto al baño María. Añadimos poco a poco la mantequilla fundida, sin dejar de batir para ir ligando la salsa. Cuando esté ligada la batimos con el zumo de medio limón y un poco de sal.
Retiramos los filetes de salmón del horno, colocamos un par de cucharadas de salsa mahonesa sobre cada uno de ellos y gratinamos durante un minuto. Retiramos.
Colocamos los espárragos en el fondo de una fuente, y sobre ellos los lomos de salmón. Se sirve inmediatamente.

SALMONETE AL TOMATE

Ingredientes:

- 4 salmonetes
- 1 vaso de vino blanco
- 1 dcl. de aceite de oliva
- 2 dientes de ajo
- pimienta negra
- 500 grs. de tomates maduros
- 2 cucharadas de pan rallado
- 2 cucharadas de perejil picado
- 1 limón
- sal

Elaboración:

Limpiamos los salmonetes, los desescamamos y cortamos en lomos. Salpimentamos y reservamos.

Escaldamos los tomates, los pelamos, quitamos las pepitas y picamos fina la pulpa. Pelamos y picamos los ajos. Sofreímos el tomate y un diente de ajo en una fuente de horno con un poco de aceite de oliva. Colocamos encima los salmonetes junto con el zumo de limón y el vino.

Mezclamos el otro diente de ajo, picado, el pan rallado y el perejil. Espolvoreamos sobre los salmonetes. Horneamos a 160 grados durante diez minutos y servimos.

VERDEL ASADO CON PATATAS

El verdel o jurel es otro pescado azul y baratísimo. Durante años, y por su bajo precio, no se le ha hecho ni caso. Pero yo os aseguro que aquí es donde se demuestra que con cariño e imaginación se hace una cocina de mucha categoría. Y os diré un refrán, para que veáis que la calidad al pescado no le viene del precio. «El mejor pescado es el que menos tiempo lleva fuera del agua».
Unos verdeles recién pescados son mejores que una lubina de hace seis días.

Ingredientes:

- 2 verdeles
- 1 cebolleta
- 1 pimiento verde
- 2 dientes de ajo
- perejil
- sal
- aceite
- 4 patatas

Elaboración:

Pelamos las patatas, las cortamos en lonchas y las colocamos en la placa del horno.
Cortamos en juliana toda la verdura menos el ajo. Lo ponemos todo encima de la patata, añadimos sal, aceite, lo cubrimos con caldo de pescado y lo metemos al horno 15 minutos a 180 grados. Limpiamos los verdeles y los abrimos por la mitad. Quitamos todo el caldo a las patatas y lo reservamos.
Ponemos el verdel encima de las patatas ya con sal, machacamos el ajo en un mortero, añadimos aceite, untamos el verdel por encima y lo metemos al horno a 200 grados durante 15 minutos.
Mientras tanto reducimos el caldo de las patatas hasta que se espese y salseamos el verdel a la hora de servir con un poco de perejil.

VIEIRAS GRATINADAS

Ingredientes:

- 8 vieiras
- 2 dientes de ajo
- 16 gambas
- aceite de oliva
- 4 puerros
- sal

Para la salsa holandesa:

- 3 yemas de huevo
- 300 grs. de mantequilla
- el zumo de 1/2 limón
- sal

Elaboración:

Limpiamos las vieiras. Primero las conchas, frotando con un cepillo, bajo un chorrito de agua fría. Las abrimos con un cuchillo corto, metiendo la punta por el cierre y cortando el músculo, quitamos las vísceras (son de color negro). Dejamos los músculos, que es lo que vamos a comer, en un recipiente con agua y sal para que se laven. Cortamos los puerros en juliana y los rehogamos en una sartén, a fuego suave con un poco de aceite de oliva. Salteamos en otra sartén los dientes de ajo, cortados en láminas, y añadimos las vieiras (la carne blanca y el coral, en una pieza) y las colas de gambas. Lo justo para que cojan color. Retiramos del fuego y rellenamos las conchas de la vieiras. Primero un poco de puerro y después una vieira en cada concha con cuatro colas de gambas. Hacemos la salsa holandesa. Derretimos la mantequilla, sin dejar que hierva. Batimos las yemas y ponemos unas gotas de agua caliente, al baño María, para que no tengan demasiado calor y no cuajen. Echamos poco a poco la mantequilla, mientras seguimos batiendo. Añadimos el zumo de medio limón y un toque de sal. Repartimos la salsa en las conchas de las vieiras, tapando el resto de los ingredientes.

CARNES Y CAZA

FRITADA DE CARRILLERAS Y RABO

Ingredientes:

- rabo
- carrilleras
- 1 cebolla
- 2 pimientos verdes
- 1 diente de ajo
- 2 tomates maduros
- 1 pimiento morrón
- aceite, sal, guindilla
- 1 patata grande

Elaboración:

Picamos toda la verdura en juliana y la ponemos con aceite a rehogar en una cazuela con guindilla. Cuando esté dorada añadimos el rabo y las carrilleras. Probamos de sal y vigilamos que no se agarre. Cuando esté hecho, le añadimos unas patatas fritas y lo espolvoreamos con perejil.

CARRILLERAS CON HUEVOS ESCALFADOS

Ingredientes:

- 2 carrilleras
- 4 huevos
- 8 champiñones
- 3 puerros
- 2 cebolletas
- 2 zanahorias
- 1 pimiento verde
- ajo
- caldo
- vino tinto
- perejil
- aceite
- sal y vinagre

Elaboración:

Salteamos los champiñones en una cazuela con el ajo y la cebolleta. Añadimos, seguidamente, las demás verduras, el caldo y el vino, dejando que cuezan. Así, habremos hecho una salsa a la que añadimos las carrilleras ya cocidas y cortadas. Ligamos con harina de maíz si es preciso, y entre tanto, habremos escalfado los huevos en agua hirviendo con vinagre, los limpiamos, y al presentar el plato, los ponemos encima de las carrilleras salseadas y los espolvoreamos con perejil. Durante la elaboración de este plato, también podemos aprovechar para hacer una sopa. Así, añadimos carrillera picada y trocitos de huevo duro al caldo que ha sobrado al hacer las carrilleras.

CINTA DE CERDO ASADA CON COSTRA DE SAL

Ingredientes:

- 1 kg. de cinta de cerdo
- 2 kgs. de sal gorda

Guarnición:

- patatas panadera
- 4 patatas grandes
- 2 cebolletas
- 1 pimiento verde
- 1 diente de ajo
- aceite
- sal
- papel de aluminio

Elaboración:

Patatas: Ponemos aceite a calentar en una sartén, cortamos las patatas peladas en rodajas y las echamos a la sartén. También añadimos el resto de los ingredientes cortados en juliana. Lo rehogamos 10 minutos. Lo escurrimos y ponemos todo en una bandeja de hornear. Añadimos sal y perejil picado, lo cubrimos con el papel de aluminio y al horno 15 o 20 minutos.

Cerdo: En el fondo de una fuente de horno ponemos una capa de sal de 1 cm. de gruesa. Colocamos la cinta encima y la cubrimos totalmente con el resto de la sal. Con el horno caliente a fuego mediano metemos el cerdo 1 hora más o menos, o hasta que se resquebraje la sal. Rompemos la corteza de sal y la trinchamos como un asado normal. La acompañamos con las patatas.

LOMO DE CERDO A LA CERVEZA

Ingredientes:

- 1/2 kg. de lomo de cerdo
- 2 vasos grandes de cerveza
- 4 cucharadas de pan rallado
- 1 manzana
- pimienta negra
- 75 grs. de manteca de cerdo
- 8 chalotas
- manojo de hierbas aromáticas
- mantequilla
- sal

Elaboración:

Calentamos la mitad de la manteca de cerdo en una sartén grande. Doramos en ella el lomo de cerdo, limpio de grasas. Lo retiramos cuando esté dorado. Agregamos el resto de la manteca y doramos las chalotas (también se pueden usar cebollas), peladas y cortadas en trozos. Disponemos parte de la chalota en una fuente, colocamos encima el lomo. Lo cubrimos con el resto de las chalotas, añadimos el ramillete de hierbas, espolvoreamos con pan rallado y mojamos con la cerveza. Tapamos la cazuela y asamos al fuego durante unos 45 minutos.

SOLOMILLO DE CERDO CON CEBOLLA CONFITADA

Ingredientes:

(para 6 personas)

- 2 solomillos de cerdo
- 1 kg. de cebollas
- 1 vaso de vino oloroso
- aceite de oliva
- sal
- azúcar
- pimienta negra
- ajo

Elaboración:

Cortamos las cebollas por la mitad y después en tiras finas. Las ponemos en una sartén con un poco de aceite de oliva y las dejamos hacer a fuego muy lento, moviendo con frecuencia para que no se peguen. Mantenemos a fuego lento y añadimos poco a poco el vino generoso junto a dos cucharadas soperas de azúcar hasta que la cebolla esté blanda y sin dejar que se seque. Limpiamos los solomillos, quitándoles la grasa. Cuando la cebolla esté hecha, ponemos los solomillos enteros en una sartén con un poco de aceite de oliva y los vamos haciendo durante ocho o diez minutos, dándoles la vuelta. Lo sazonamos y añadimos pimienta negra bien molida.

Cortamos los solomillos en filetes de medio centímetro de grosor, los ponemos en el plato encima de un poco de cebolla confitada y adornamos con un tomatito abierto.

CONEJO A LA JARDINERA

Ingredientes:

- 1 kg. de conejo
- 200 grs. de guisantes
- 1 hoja de laurel
- 1 vaso de vino blanco
- 1 cebolla
- 2 tomates
- caldo de carne
- pimienta negra
- 4 alcachofas
- 1 pimiento verde
- aceite de oliva
- sal

Elaboración:

Tendremos que decir al carnicero que nos trocee el conejo. Rehogamos con aceite la cebolla, el tomate y el pimiento verde, muy picados, hasta tener un buen sofrito. Añadimos el conejo y rehogamos bien, dándole vueltas hasta que coja color.

Salpimentamos y agregamos el vaso de vino blanco. Dejamos al fuego, con la cazuela destapada, hasta que se haya evaporado casi todo el vino (cinco o seis minutos).

Cubrimos el guiso con el caldo de carne, incorporando las alcachofas y los guisantes cuando empiece a hervir. Tapamos la cazuela, bajamos el fuego y dejamos cocer durante 45 minutos.

Rectificamos el punto de sal antes de servir.

CODORNICES CON PIMIENTOS

Las codornices son uno de los manjares entre los platos de caza de la gastronomía española.
Las mejores son las de campo, pero éstas son difíciles de conseguir. Hoy en día tenemos como mal menor las de granja.
El sabor tan rico que tiene la codorniz es porque se alimenta casi exclusivamente de cereales.
Antes de pelarlas hay que quitar los restos de plumas quemándolas.
Aquí os presento una manera divertida y económica de preparar estas sabrosas aves. Pero también las podemos preparar guisadas con legumbres, asadas a la parrilla, con salsa de all i oli, etc.

Ingredientes:

- 6 codornices limpias
- 2 copas de Brandy
- 6 lonchas de tocino
- 6 pimientos morrones
- sal
- aceite

Elaboración:

Rociamos el interior de las codornices con el brandy y la sal. Posteriormente las envolvemos con una loncha de tocino y metemos cada codorniz dentro de los pimientos también rociados con brandy y limpios. Una vez rellenos los pimientos los colocamos en una cazuela en la que habremos puesto un chorro de aceite. Este guiso tiene que cocer a fuego lento y la cazuela tiene que estar tapada para que se vaya haciendo con el jugo de los pimientos y el tocino.
A los 50 minutos aproximadamente las codornices estarán ya cocidas. Para servir ligamos la salsa y la rociamos por encima de los pimientos rellenos de codorniz y tocino.

PIERNA DE CORDERO AL ROMERO

Ingredientes:

- 1 pierna de cordero
- 1 cebolla
- 1 vaso de txakolí
- 1 vaso de agua
- 1 ramita de romero
- 4 dientes de ajo
- perejil picado
- aceite de oliva
- pimienta
- sal

Elaboración:

Pedimos al carnicero que nos deshuese la pierna. Salamos la pierna y la colocamos en una fuente de horno con una cucharada de aceite y la cebolla. Metemos al horno.
Si queremos que la pierna de cordero nos quede jugosa y tierna, tenemos que asarla a fuego lento, dándole la vuelta cada cuarto de hora. La tenemos así durante una hora y subimos un poco el fuego, dándole la vuelta cada diez minutos, hasta que se dore bien la carne (necesitará otra media hora).

FILETES RELLENOS

Ingredientes:

- 8 filetes de contra

Relleno:

- 8 pimientos del piquillo
- 8 lonchas de jamón
- pan rallado

Guarnición:

- 12 pimientos del piquillo
- 2 patatas cortadas en paja
- 1 pimiento verde
- aceite
- sal

Elaboración:

Rellenamos los filetes, los pasamos por pan rallado y los freímos en una sartén, y una vez hechos los colocamos en un plato, al lado de la guarnición que llevará los pimientos del piquillo, las patatas y los pimientos verdes (cortados en aros) fritos.

HAMBURGUESA SORPRESA

Ingredientes:

- 350 grs. de carne de ternera picada
- 250 grs. de queso
- 1 huevo
- 1 cebolleta
- 1 ajo
- aceitunas rellenas
- salsa de tomate
- aceite
- sal
- perejil
- calabacín

Elaboración:

Picamos la cebolla, el ajo y el perejil. Hacemos las hamburguesas mezclando estos ingredientes con la carne picada y el huevo crudo, y procuramos que su tamaño sea grande. Entonces, hacemos un agujero en el centro e introducimos una bolita hecha con queso y las aceitunas, que ya habremos picado. Cerramos el agujero rellenado con carne de hamburguesa y la ponemos a freír despacio, para que se vayan haciendo por dentro y que se deshaga. Mientras freímos, iremos dándoles la vuelta. Para guarnición, podemos colocar unas lonchas de calabacín fritas y un poco de salsa de tomate.

HÍGADO AL OPORTO

Ingredientes:

- 800 grs. de hígado de ternera
- 1 cebolla y media
- 1/4 l. de oporto
- perejil picado
- fécula
- 1 diente de ajo
- tomillo
- aceite de oliva
- pimienta negra
- sal

Elaboración:

Cortamos el hígado en trocitos y lo sazonamos. Machacamos un diente de ajo y lo doramos en una sartén con aceite de oliva, salteamos el hígado, lo justo para que se dore. Lo retiramos de la sartén. Rehogamos en la misma sartén la cebolla, picada muy fina, hasta que se dore, añadimos el vino de oporto, el tomillo, el perejil picado y un poco de pimienta negra. Dejamos cocer durante cuatro o cinco minutos. Espesamos la salsa con un poco de fécula disuelta en agua fría.

Damos un hervor y volvemos a incorporar el hígado, mantenemos el hervor durante dos minutos más. Disponemos en una fuente y decoramos con aros de cebolla fritos.

PALOMA ASADA

Ingredientes:

- 2 palomas
- 2 cucharadas de manteca de cerdo
- pimienta negra
- 1 copa de cognac
- 2 dientes de ajo
- sal

Elaboración:

Limpiamos las palomas, quitando los interiores. Las desplumamos y las quemamos para eliminar los restos de plumas.

Las sazonamos por dentro y por fuera, y metemos dentro de cada una un diente de ajo machacado. Las ponemos en una tartera de horno con la manteca de cerdo y las asamos durante veinte minutos. Las cortamos por la mitad y flameamos con el cognac hasta que se consuma la llama.

Pasamos las palomas a una fuente, las salseamos con el jugo que haya quedado en la tartera y las acompañamos con patatas paja y puré de castañas.

MAGRET DE PATO CON VINO ESPUMOSO

Ingredientes:

- 3 magret de pato
- 1 cebolla
- 1 vaso de los de agua de vino espumoso rosado o cava rosado
- 1/2 vaso de nata líquida

Elaboración:

Salpimentamos los magret y los doramos con su propia grasa en una sartén. Los sacamos y los cortamos en filetes a lo ancho y reservamos. En esa misma sartén ponemos a dorar la cebolla finamente cortada. Quitamos casi toda la grasa de la sartén y añadimos el vaso de vino espumoso rosado. Lo dejamos cocer unos 4 minutos a fuego vivo y añadimos 1/2 vaso de nata líquida. Incorporamos el magret fileteado para que se caliente un poco y lo servimos.

Se puede poner de guarnición unas patatas panaderas, champiñones salteados o lo que se tenga en ese momento y vaya bien con el plato.

PICHÓN CON SALSA DE TRUFAS

Ingredientes:

- 4 pichones
- 1 vaso de vino tinto
- aceite de oliva
- sal
- 4 dientes de ajo
- 1 vaso de caldo
- pimienta negra

Para la salsa:

- 1/2 l. de salsa de carne
- jugo de trufas
- 1/2 l. de nata
- 2 trufas

Elaboración:

Limpiamos los pichones, quitando las entrañas y quemando los restos de las plumas, los sazonamos por dentro y por fuera, y los pasamos a una fuente de horno con un vaso de vino tinto y un chorrillo de aceite. Horneamos durante diez minutos. Preparamos mientra tanto la salsa. Ponemos en un cazo el caldo con la nata y lo dejamos hervir a fuego lento hasta que se reduzca a la mitad.

MUSLO DE PAVO RELLENO

El pavo se asocia principalmente a la Navidad. Según parece, el pavo llegó a Europa proveniente de América, concretamente de México y se conocía como el gallipavo. Antiguamente su alimentación básica era el grano y en los últimos meses, su dieta eran básicamente las nueces y algo de cognac con el fin de que tuviesen un sabor ciertamente exquisito. Hoy tristemente este tipo de alimentación se ha perdido, con lo cual el sabor del pavo es inferior.
La carne de este ave de corral exige más tiempo de cocción y asados más lentos que otras aves, esto es debido a su tamaño y características.

Ingredientes:

- 2 muslos de pavo
- 2 salchichas
- 2 lonchas de tocino
- 2 zanahorias
- 1 cebolla
- apio
- aceite
- 1/2 litro de cava seco
- agua
- sal
- fécula
- hilo para rellenos

Elaboración:

Primeramente deshuese con cuidado los 2 muslos de pavo. Seguidamente rellénelos con 1 salchicha envuelta en una loncha de tocino y átelos. A continuación pase a guisar los muslos de pavo con los siguientes ingredientes: 2 zanahorias, 1 cebolla y un trozo de apio, todo ello cortado en juliana no muy fina. Póchelo en una cazuela con un poco de aceite y añada los muslos de pavo ya rehogados así como el medio litro de cava seco. Déjelo que reduzca a la mitad, a fuego suave y con la cazuela tapada (20 minutos). Pasado este tiempo añada agua justo hasta cubrir los muslos y déjelo cocer a fuego lento hasta que estén hechos, aproximadamente una hora. Saque los muslos rellenos y desengrase bien la salsa. Si está ligera, líguela con un poco de fécula disuelta en agua fría. Se sirve cortando los muslos de lonchas espolvoreadas con perejil y acompañadas de la salsa.

POLLO ASADO CON PERAS

Ingredientes:

- 1 pollo
- 5 peras
- 1/4 l. de caldo
- 1/4 l. de vino fino
- 2 dientes de ajo
- sal
- aceite de oliva
- calabacín
- pimienta molida

Elaboración:

Limpiamos bien el pollo, lo salamos y agregamos una pizca de pimienta molida. En su interior ponemos el ajo pelado y una pera entera, sin pelar. A continuación, colocamos el pollo en la placa del horno y las otras 4 peras alrededor. Lo rociamos de aceite y lo introducimos en el horno ya caliente a 200 grados. A los 20 minutos, le añadimos el caldo y el vino fino, y le damos la vuelta al pollo para que se haga bien por todos los lados.

Lo dejamos otros 20 minutos más, a la misma temperatura. Transcurrido este tiempo lo sacamos y lo servimos troceado, colocando las peras asadas como guarnición, acompañándolo de unas rodajas de calabacín frito.

POLLO ESCALFADO A LA SIDRA

Ingredientes:

- 1/2 kg. de pollo troceado
- 3 dl. de sidra
- 1 cebolleta
- pimienta en grano
- 2 ramitas de estragón
- 2 manzanas en rodajas
- 2 cucharaditas de fécula
- 2 dl. de nata
- zumo de limón
- sal y pimienta

Elaboración:

Ponemos el pollo en una cazuela. Añadimos la sidra, la cebolleta, los granos de pimienta y el estragón. Cuando rompa a hervir, tapamos la cazuela y dejamos hervir a fuego lento durante 30 minutos. Añadimos las rodajas de manzana, reservando 8 de ellas para adornar. Hervimos el pollo a fuego lento otros 10 minutos o hasta que se haya cocido por completo. Retiramos la cazuela del fuego y traladamos los trozos de pollo y las manzanas a una fuente de servir caliente.

Mezclamos la fécula con la nata y vertemos la mezcla en los jugos de la cazuela. Lo llevamos a punto de ebullición y dejamos que hierva unos minutos agitando. Colamos la salsa sobre los trozos de pollo, y mantenemos la fuente caliente.

Colocamos las manzanas reservadas en una cazuela de agua hirviendo a la que habremos añadido unas gotas de zumo de limón. Las escaldamos, escurrimos y adornamos la fuente.

FRICANDÓ DE TERNERA

El fricandó o redondo es una de las piezas más habituales en la cocina. Está destinada específicamente para ser guisada. Nos ofrece una carne compacta y sabrosa, sin nervios y corta en grasas.
Conviene quitar la grasa que tiene el redondo en la parte posterior, facilitando que el guiso quede menos graso.
Esta pieza se conserva perfectamente en el frigorífico durante unos día. Es conveniente no envolverla ni en plástico ni en papel de aluminio, pues impiden su transpiración. Lo mejor es el papel encerado que ayuda a su «respiración».

Ingredientes:

- 8 filetes de redondo de ternera
- 1 cebolla
- 1/2 kg. de tomate
- 10 champiñones
- harina
- aceite
- sal
- orégano
- tomillo
- pimienta

Elaboración:

Una vez extendidos los filetes los espolvoreamos con sal, pimienta, orégano y tomillo. A continuación los pasamos por harina y los freímos en una sartén a fuego fuerte. Pasamos los filetes a una cazuela. En la misma sartén hacemos un sofrito con la cebolla picada muy fina y los tomates maduros. Lo tendremos en la sartén entre 8 y 10 minutos. Transcurrido este tiempo añadimos este sofrito a la cazuela con los filetes y agregamos los champiñones limpios y fileteados. Dejamos cocer todo a fuego lento para que reduzca el caldo y la carne quede tierna.

REDONDO DE TERNERA

Ingredientes:

- 1 kg. de redondo de ternera
- 3 cebollas
- 3 tomates
- 2 puerros
- 2 zanahorias
- 2 pimientos verdes
- 1/2 bote de guisantes
- 1 vaso de vino blanco
- 1/2 l. de caldo
- sal
- harina de maíz (maizena)

Elaboración:

Atamos el redondo y lo sazonamos. Lo ponemos en una fuente de horno y lo cubrimos con las verduras, ya limpias y troceadas en tacos. Lo bañamos todo con el caldo y el vino. Horneamos durante una hora a una temperatura de 150 o 160 grados. Pasado este tiempo, ponemos las verduras y el jugo en una cazuela y reducimos durante 5 minutos a fuego fuerte. Ligamos la salsa con la harina, la pasamos por la batidora y añadimos los guisantes.
Presentamos el plato con el redondo cortado en lonchas y salseado.

ROLLITOS DE COL RELLENOS

Ingredientes:

- 12 hojas de col
- 200 grs. de carne de vaca picada
- un puñado de miga de pan
- 1 vaso de nata líquida
- pimienta negra
- 100 grs. de carne de cerdo picada
- 3 salchichas
- 1 vaso de caldo
- harina de maíz
- sal

Elaboración:

Lavamos las hojas más claras de la col y las escaldamos durante un minuto en agua hirviendo. Las escurrimos y extendemos sobre una superficie lisa.

Preparamos el relleno, mezclando la carne picada de cerdo, la de vaca y las salchichas, sin piel y cortadas en trozos. Amasamos con un puñado de miga de pan mojada en leche y sal. Ponemos este relleno en las hojas de col y hacemos rollitos con ellas, cerrando los extremos.

Ponemos el caldo en una cazuela, calentamos y metemos los rollitos, con cuidado para que no se abran. Los cocemos durante veinte minutos, dándoles la vuelta sólo una vez. A mitad de la cocción añadimos la nata líquida.

Pasados los veinte minutos se sacan los rollitos, dejando reducir la salsa y ligándola con un poco de harina de maíz diluida en agua fría. Se salsean los rollitos de col y se sirven.

ESTOFADO DE VACA

A la hora de comprar en la carnicería debemos tener muy claro cuál es el tipo de carne que nos llevamos a casa.
Dentro del ganado vacuno la de color más sonrosado corresponde a la ternera. De sabor tenue.
La roja pálida y grasa blanca corresponde al añojo. No es demasiado tierna y acostumbra a tener más agua de la debida y poco sabor. Por último, las carnes de un rojo intenso pertenecen al vacuno mayor. Pueden ser cebones o vacas de 8 o más años. Para mí ésta es la mejor por su sabor intenso. Y si no, haced la prueba con esta receta.

Ingredientes:

- 1 kg. de carne de vaca
- 200 grs. de panceta salada
- 1/4 l. de vino tinto
- 1 cucharada de harina
- pimienta negra
- aceite de oliva
- 2 tomates
- 2 patatas medianas
- 2 cebollas
- caldo de carne
- 4 alcachofas
- 2 zanahorias
- 1 diente de ajo
- sal

Elaboración:

Cortamos la carne en trozos (puede ser morcillo, falda o espaldilla) y la salpimentamos.
Rehogamos un diente de ajo y las cebollas, cortadas muy finas, en una cazuela con un poco de aceite de oliva. Cuando esté pochada añadimos la carne y la rehogamos hasta que coja color. Añadimos el vino tinto, el caldo y los tomates, pelados y picados. Dejamos cocer a fuego lento durante una hora.
Sazonamos y añadimos las alcachofas, cortadas en tiras, las patatas, cortadas en trozos y la panceta salada, picada fina. Ponemos a cocer durante otros veinte o veinticinco minutos.
Rectificamos de sal y servimos.

ZANCARRÓN GUISADO

Ingredientes:

- 1 kg. de zancarrón
- 3 zanahorias medianas
- 2 dientes de ajo
- sal
- 3 cebollas
- aceite de oliva
- 3 patatas
- laurel
- pimienta negra
- 2 vasos de vino tinto

Elaboración:

Pelamos y cortamos las cebollas en trozos pequeños y limpiamos las zanahorias, cortando los extremos y lavándolas con abundante agua y la ayuda de un cepillo, pero sin pelarlas. Las cortamos en rodajas finas y rehogamos en una cazuela con la cebolla y los ajos.
Añadimos poco a poco la mitad del vino, para que se vaya reduciendo.
Cuando acabe de consumirse, añadimos el zancarrón, cortado en trozos, salpimentamos, rehogamos e incorporamos el resto del vino y el agua necesaria para cubrir la carne.
Salpimentamos y dejamos cocer durante 45 minutos antes de añadir las patatas, peladas y cortadas en trozos medianos.
Rectificamos de sal y dejamos cocer durante otros veinte minutos.
Ajustamos y desgrasamos antes de servirlo.

POSTRES

TARTA DE LA ABUELA

Ingredientes:

- 6 manzanas reinetas
- 20 grs. de mantequilla
- 50 grs. de mermelada de melocotón
- 1 limón
- 200 grs. de hojaldre

Elaboración:

Estiramos el hojaldre muy fino, que no sea más grueso de 10 mm. Con él, cubrimos el fondo de la tartaleta, y encima colocamos las manzanas cortadas en lonchas finas, cubriendo toda la superficie de hojaldre. Sobre éstas, ponemos de forma salteada un poco de mantequilla muy finamente cortada y espolvoreamos toda la superficie de azúcar en grano. Ya tenemos la tarta lista para meter al horno.

En el horno, la tendremos hasta que se dore mirando que no esté muy alto (unos 175 grados) de temperatura para que le dé tiempo a hacerse a la manzana.

El tiempo en el horno depende de la manzana. La golden tardaría mucho menos que la reineta.

Una vez sacada del horno, le damos un baño de mermelada y ya está listo para servir. Puede comerse fría o caliente.

TARTA DE CAFÉ

Ingredientes:

- Pasta brisée
- 3 cl. de café fuerte
- 150 grs. de nueces picadas
- 150 grs. de azúcar
- 2 cucharadas de harina
- azúcar glass
- 4 huevos
- nueces enteras

Elaboración:

Mezclamos el azúcar con el café (tiene que ser muy fuerte) hasta formar una mezcla homogénea.

Batimos aparte los huevos y añadimos después la mezcla del café y el azúcar, sin parar de remover para que se mezcle bien.

Añadimos las nueces picadas y a continuación la harina, mezclando para que no se hagan grumos.

Forramos el molde de la tarta con una capa fina de pasta brisée descongelada. Extendemos el relleno sobre el molde y lo metemos al horno, calentando a 180 grados. Horneamos durante unos 40 minutos, hasta que cuaje completamente.

Desmoldamos la tarta sobre un plato y la decoramos con unas nueces enteras y un poco de azúcar glass.

TARTA DE CUMPLEAÑOS

Ingredientes:

- 75 grs. de harina
- 25 gr. de cacao
- 100 grs. de azúcar
- 300 grs. de azúcar glass
- 4 huevos
- guindas
- 200 grs. de nata montada

Elaboración:

Preparamos el bizcocho, mezclando la harina con 100 grs. de azúcar, 4 huevos y 25 grs. de cacao. Amasamos hasta obtener una pasta compacta. Rellenamos un molde de tarta y horneamos a fuego medio durante unos 30 minutos.

Retiramos del horno, desmoldamos el bizcocho y lo dejamos enfriar. Lo abrimos por la mitad y lo rellenamos con la nata montada. Cubrimos el bizcocho con el azúcar glass y lo decoramos con las guindas.

TARTA DE FRESAS CON CREMA

Ingredientes:

- 250 grs. de pasta brisée
- 1 docena de fresones
- 1 cestita de fresas del bosque
- 2 cucharadas de licor de fresas
- 3 yemas y 3 dl. de leche
- 3 cucharadas rasas de azúcar
- media barrita de vainilla
- 2 cucharadas de nata
- 20 grs. de azúcar glass
- 1/2 limón de ralladura
- harina para estirar la pasta

Elaboración:

Extendemos la pasta, la colocamos en la tartera y la metemos en el horno a 180 grados durante 15 o 20 minutos. Calentamos la leche con la barrita de vainilla hasta que llegue a ebullición y dejamos que se enfríe un poco. Con la batidora montamos las 3 yemas con 3 cucharadas de azúcar. Cuando estén blancas y espumosas, las diluimos con la leche pasada por el colador y ponemos la crema al baño María. La dejamos en el fuego y la mezclamos continuamente hasta que adquiera la consistencia suficiente como para napar el dorso de la cuchara. La sacamos del fuego. La perfumamos con el licor de fresas y la mezclamos con la nata y la ralladura de limón. Llenamos la costra de pasta con la crema bien fría y decoramos con un círculo de fresones cortados por la mitad, llenando el centro del mismo con fresitas del bosque. Espolvoreamos las fresitas con azúcar lustre antes de servir.

TARTA DE LIMÓN

Ingredientes:

- 1/4 kg. de pasta brisée
- 450 grs. de azúcar
- 4 limones
- 8 huevos

Elaboración:

Con la pasta brisée horneada, procedemos a hacer una crema de limón. Para ello utilizamos la raspadura y el zumo de cuatro limones, cuatro yemas de huevo, cuatro huevos enteros y cuatro cucharadas de azúcar. Ponemos todo ello al fuego para que se espese, sin dejar que llegue a hervir. A continuación ponemos la crema sobre la pasta brisée. Luego, montamos las cuatro claras restantes con cuatro cucharadas de azúcar y las aplicamos sobre la crema.
Hecho esto, sólo faltará gratinar y servir.

TARTA DE MELOCOTÓN CON ALMENDRAS

Ingredientes:

- 450 grs. de pasta brisée
- 8/10 melocotones
- 20 almendras sin cáscara ni hollejo
- 200 grs. de almendras trituradas
- 150 grs. de azúcar de caña
- 1 cucharada y media de harina de maíz
- 4 huevos
- 200 grs. de mantequilla
- extracto de almendras amargas

Elaboración:

Untamos con mantequilla una tartera rectangular y la forramos con una hoja de papel para horno. Extendemos la pasta en una capa delgada y revestimos con ella la tartera. Agujereamos el fondo de la pasta con un tenedor y la cocemos a 200 grados unos 20 minutos.

En un cuenco montamos la mantequilla y 130 grs. de azúcar. Incorporamos los huevos de uno en uno, una vez estén ligeramente batidos. Finalmente incorporamos la harina de maíz pasada por el cedazo, las almendras y unas gotas de extracto de almendras amargas.

Lavamos los melocotones y los cortamos por la mitad y eliminamos el hueso. Espolvoreamos con el azúcar restante. Distribuimos la crema de almendras por la tarta igualándola con una espátula. Ponemos encima los melocotones (con la parte cortada hacia arriba), en hileras regulares. En cada melocotón ponemos una cucharada de crema de almendras y una almendra entera. Cocemos en el horno a 180 grados durante 40 minutos.

TARTA DE NARANJA

Ingredientes:

- 125 grs. de mantequilla
- 250 grs. de miel
- 3 huevos
- ralladura de naranja
- 6 cucharadas de zumo de naranja
- 150 grs. de almendra molida
- 200 grs. de harina
- 1/2 paquete de levadura
- 3 cucharadas de cointreau
- 1 l. de nata
- 50 grs. de almendra fileteada

Elaboración:

Para preparar el bizcocho, batimos los huevos con la miel, la mantequilla, la corteza de naranja rallada, las almendras molidas y medio sobre de levadura con la harina. Lo mezclamos todo y lo ponemos en un molde redondo untado con mantequilla. Horneamos a 200 grados durante 30 minutos. Lo sacamos y lo colocamos en otra fuente. Mezclamos el zumo con el licor, emborrachamos el bizcocho y lo dejamos reposar un día. Tapamos con la nata montada y decoramos con almendras fileteadas, tostadas en una sartén, y, si se quiere, con guindas y gajos de naranja.

TARTA DE QUESO Y ARÁNDANOS

Ingredientes:

- 1 molde de pasta brisée
- 200 grs. de nata montada con azúcar
- 200 grs. de queso fresco
- mermelada de arándanos

Elaboración:

Preparamos primeramente el relleno, mezclando el queso fresco con la nata montada y tres o cuatro cucharadas de azúcar. Batimos hasta obtener una masa cremosa y la dejamos enfriar en la nevera durante unos tres cuartos de hora.
Extendemos una capa fina de pasta brisée sobre un molde. La horneamos hasta que la masa se dore. Rellenamos el molde con la masa de queso y ponemos por encima la mermelada de arándanos.

CORONA DE BIZCOCHO RELLENA

Ingredientes:

Bizcocho:

- 3 huevos
- 100 grs. de azúcar
- 1/2 cucharadita de esencia de vainilla
- ralladura de 1/2 limón
- 75 grs. de harina

Relleno:

- 1/2 l. de nata montada con azúcar
- 1/2 kg. de fresas (cortadas en 4, alguna déjela entera)
- virutas de chocolate negras
- virutas de chocolate blancas

Elaboración:

Bizcocho: Calentamos el horno a 180 grados. Engrasamos ligeramente los lados y el fondo de un molde de 20 cm. y forramos el fondo y los lados con un papel untado en aceite. Ponemos las yemas de huevo y el azúcar en un cuenco, añadimos una cucharada de agua y lo batimos con un batidor manual o eléctrico hasta que la mezcla esté espesa y casi blanca. Añadimos la esencia y la ralladura. Tamizamos la harina con la levadura e incorporamos al cuenco de las yemas. Batimos las claras a punto de nieve y las añadimos a la mezcla de huevos, azúcar y harina. Lo batimos todo junto, lo vertemos en el molde y lo dejamos en el horno de 20 a 25 minutos. Dejamos enfriar unos minutos antes de sacar.

Relleno: Con un cuchillo cortamos el interior del bizcocho y lo rellenamos con la nata y las fresas. Adornamos con unas fresas y las virutas de chocolate.

ARROZ CON LECHE, NATA Y ALMENDRAS

Ingredientes:

- 1 taza de leche de arroz
- 50 grs. de almendras tostadas y picadas no muy finas
- 1 clara de huevo a punto de nieve
- 1/4 l. de nata montada
- 6 cucharadas soperas de azúcar
- 1/2 l. de leche
- agua
- algunas guindas

Elaboración:

En un cazo ponemos agua abundante a cocer y cuando hierva a borbotones echamos el arroz. Dejamos cocer unos minutos, lo escurrimos en un colador y lo vertemos en otro cazo, donde estará la leche muy caliente. Dejamos hervir a fuego moderado unos 20 minutos más o menos. Una vez el arroz esté en su punto, le echamos el azúcar y le damos unas vueltas, retirándolo del fuego. Una vez templado, le añadimos las almendras. Por último, cuando esté casi frío, montamos la clara de huevo a punto de nieve con un pellizco de sal, la mezclamos con la nata montada e incorporamos el arroz con almendras. Lo ponemos en sitio fresco y lo adornamos con unas guindas en almíbar.

BUDÍN DE REQUESÓN CON CAFÉ

Ingredientes:

- 500 grs. de requesón
- 2 cucharadas de café molido
- 1 cucharada de cacao amargo
- 1 dcl. de nata montada
- 5 cucharadas de miel
- 2 huevos
- 1 taza de café
- 100 grs. de azúcar
- 1 dl. de nata líquida

Elaboración:

Separamos las claras de las yemas, montamos las dos claras y las reservamos. Batimos las yemas y las mezclamos con dos cucharadas de azúcar. Cuando la mezcla sea homogénea, unimos dos cucharadas de café molido y luego una taza de café, y seguimos mezclando. Incorporamos el requesón y, cuando la masa sea uniforme, la nata montada. Agregamos las claras montadas y las mezclamos despacio para que no bajen mucho.

Forramos un molde con papel encerado, lo rellenamos con la mezcla y lo metemos al frigorífico durante cinco horas.

Ponemos al fuego un cazo con la nata líquida, añadimos cinco cucharadas de miel y calentamos a fuego lento hasta que la miel se deshaga en la nata, retiramos y dejamos enfriar.

Desmoldamos el budín, lo cortamos y lo servimos acompañado con la salsa de nata y miel.

ENSALADA DE FRUTAS Y MIEL

Ingredientes:

- 1 piña
- 1/2 limón
- 100 grs. de uvas pasas
- 3 cucharadas de azúcar
- 1 pomelo
- 1 manzana
- 1/2 copa de kirsch
- 3 cucharadas de miel

Elaboración:

Cortamos los extremos de la piña, la partimos a lo largo y la vaciamos, sin romperla. Reservamos la pulpa de la piña, después de haber retirado la parte leñosa del corazón.

Pelamos y cortamos el resto de las frutas. Ponemos las pasas a remojo en el kirsch (es más fácil si está templado) durante unos veinte minutos. Mezclamos todas las frutas.

Calentamos el zumo de medio limón y la miel y lo vertemos sobre las frutas. Agregamos las pasas y el kirsch, y dejamos reposar durante una hora, removiendo de vez en cuando.

Colocamos la ensalada sobre las medias piñas vacías y servimos.

HELADO DE TURRÓN

Ingredientes:

- 1 tableta de turrón de Jijona
- 1/2 l. de nata líquida
- 1/2 l. de leche
- 2 cucharadas de azúcar

Elaboración:

Troceamos la pastilla de turrón y la ponemos a fuego lento en un cazo con la leche, hasta que se funda totalmente y forme una crema. Añadimos la nata líquida y el azúcar. Removemos hasta obtener una crema de consistencia uniforme.
Lo dejamos enfriar antes de meterlo en el congelador.

MANZANAS ASADAS

Ingredientes:

- 4 manzanas
- 1 copa de jerez dulce
- 8 cucharadas de azúcar
- 1 taza de agua
- 20 grs. de mantequilla
- 1 rama de canela

Elaboración:

Lavamos las manzanas, cortamos la tapa y vaciamos los corazones con cuidado, para no hacer agujeros por debajo.
Ponemos en el hueco del corazón de la manzana un poco de mantequilla y una cucharada de azúcar. La tapamos y colocamos en una fuente de horno. Hacemos lo mismo con las otras manzanas. Las rociamos con vino oloroso de jerez y una taza de agua, y las horneamos a fuego medio durante 30 minutos, dependiendo de su tamaño.
Preparamos la salsa, derritiendo cuatro cucharadas de azúcar en un cazo y manteniéndolo al fuego hasta que el azúcar se oscurezca. Añadimos el líquido que ha quedado al asar las manzanas y una rama de canela en trocitos. Damos un hervor y la rociamos sobre las manzanas.

MERENGUES CON NATA

Ingredientes:

- 3 claras de huevo
- 1 cucharada de mantequilla
- 1/4 l. de nata
- 1/2 taza de leche
- 300 grs. de azúcar glass
- harina
- 200 grs. de chocolate fondant

Elaboración:

Montamos las claras a punto de nieve y añadimos poco a poco el azúcar glass. Rellenamos con ellas una manga pastelera de boca ancha. Untamos una placa de horno con mantequilla y la espolvoreamos con harina (echándola desde un colador).

Hacemos montoncitos de clara de huevo sobre la placa (a cinco centímetros uno de otro). Los cocemos a horno muy suave (120 grados) durante una hora y media (que se endurezcan sin coger color). Sacamos del horno, los despegamos y dejamos enfriar. Montamos la nata hasta que quede muy consistente. Pegamos los merengues de dos en dos, poniendo nata entre ellos y los disponemos en una fuente.

Deshacemos el chocolate con la leche y lo ponemos en una salsera para acompañar a los merengues.

NARANJAS CON MIEL

Pienso que la miel es más sana que el azúcar blanco al que estamos acostumbrados. De cualquier forma, se puede sustituir la miel por el azúcar.

Ingredientes:

- 4 naranjas
- 20 nueces
- 1/4 l. de nata montada
- 100 grs. de miel caliente

Elaboración:

En primer lugar, pelamos con cuidado las naranjas, procurando quitar, a poder ser, la pulpa que las cubre. Luego las cortamos en ruedas y las colocamos en una fuente bien repartidas. En el centro de la fuente ponemos la nata. Las nueces, partidas y limpias, las esparcimos por todo y luego vamos echando la miel por encima.

PERAS AL VINO

Ingredientes:

- 4 peras grandes
- 1 l. de vino
- 100 grs. de mermelada de frambuesa
- 200 grs. de azúcar
- 1 rama de vainilla
- 2 ramas de canela

Elaboración:

Pelamos las peras, las cortamos por la mitad y quitamos los corazones. Las ponemos en una cazuela con el vino, el azúcar, la vainilla y la canela. Llevamos a ebullición y dejamos cocer a fuego lento durante unos veinticinco minutos, depende del tipo de pera.

Sacamos las peras y las reservamos. Añadimos la mermelada al vino y mantenemos el hervor durante unos tres o cuatro minutos más sin dejar de remover.

Rociamos las peras con el jarabe obtenido. Se pueden servir calientes, frías o templadas.

PIÑA RELLENA

Ingredientes:

- 1 piña tropical
- 1/2 racimo de uvas
- vino oloroso
- 1 granada
- 50 grs. de moras
- 1 naranja
- 1 pera

Elaboración:

Cortamos el extremo superior de la piña y la vaciamos. Retiramos el corazón y cortamos en trocitos la pulpa, dejándolos macerar durante tres o cuatro horas en un bol con el vino oloroso. También cortamos un trocito de la corteza de la base, sin agujerear la piña para que no se salga el líquido. Así conseguimos que se sujete en el plato y no se vuelque. Pelamos y cortamos en trocitos la pera, desgranamos la granada, limpiamos las moras, pelamos las uvas y los gajos de la naranja, cortándolos por la mitad.

Mezclamos todas las frutas con los trozos de piña, como si se fuera a hacer una macedonia, y rellenamos la piña con la mezcla.

Se puede acompañar con yogur, mermelada, crema de leche, nata líquida o helado.

PROFITEROLES CON CHOCOLATE

Ingredientes:

- 1/2 l. de agua
- 250 grs. de harina
- 1 tableta de chocolate
- 190 grs. de mantequilla
- crema pastelera
- azúcar
- leche
- sal
- 8 huevos

Elaboración:

Hacemos la masa, deshaciendo la mantequilla en el agua caliente y añadiendo a continuación la harina, una pizca de sal y otra de azúcar.
Retiramos del fuego y empezamos a incorporar las yemas de huevo, mezclándolas una a una con la masa.
Rellenamos una manga pastelera y hacemos pequeños montones sobre una fuente de horno untada con mantequilla. Horneamos a 180 grados durante unos veinte minutos.
Sacamos del horno los profiteroles y los rellenamos con la crema pastelera (también se pueden rellenar con nata, yogur o cualquier otro tipo de crema). Bañamos la parte alta de cada profiterol con un poco de chocolate, que habremos preparado deshaciendo la tableta, rallada, con un poco de leche.

ROSCÓN DE REYES

Ingredientes:

- 500 grs. de harina
- 40 grs. de mantequilla
- corteza de naranja rallada
- agua de azahar
- 125 cls. de leche
- corteza de limón rallada
- 70 grs. de azúcar
- 10 grs. de levadura
- 1 huevo batido
- la sorpresa

Elaboración:

Formamos un volcán de harina sobre la mesa de la cocina. Abrimos un cráter en el que ponemos la levadura, el azúcar, la mantequilla, el agua de azahar (o cualquier otro aromatizante), la leche tibia, y las ralladuras de cáscara de naranja y limón.

Amasamos hasta que no se pegue en los dedos. Formamos una bola y la dejamos reposar en un lugar tibio, durante unas tres horas. Al fermentar se hinchará.

Estiramos la masa, formando un rollo largo, lo colocamos sobre la superficie y horneamos durante una media hora a 110 grados. Sacamos del horno y untamos el roscón con la mermelada. Se pueden poner frutas escarchadas, azúcar, azúcar glass...

TATÍN DE PLÁTANOS

Ingredientes:

- 150 grs. de hojaldre
- 1 vaso de agua
- 5 plátanos
- unas gotas de limón
- 200 grs. de azúcar

Elaboración:

Preparamos un caramelo oscuro con el azúcar, el vaso de agua y unas gotas de limón, diluyéndolos a fuego lento en un molde de tarta.
Pelamos los plátanos, cortándolos en trozos de tres o cuatro centímetros de grosor. Los distribuimos en el molde, sobre el caramelo, hasta que cubran el fondo del molde. Tapamos los plátanos con una capa de hojaldre muy fina, que también debe cubrir los laterales de la tarta. Horneamos durante 30 minutos a unos 160 grados, hasta que suba el hojaldre y se dore.
Retiramos del horno, volcamos la tarta sobre un plato de servicio y quitamos el molde. Se sirve caliente.

TORTILLA ALASKA

Ingredientes:

- bizcocho
- 1 litro helado
- 1 copa de coñac o de otro licor
- 10 claras de huevo
- macedonia de frutas de temporada
- azúcar

Elaboración:

Sobre el bizcocho colocamos la macedonia, echamos su jugo y distribuimos el helado. Lo cubrimos todo con merengue, esto es, las claras montadas a punto de nieve con un poco de azúcar y flambeamos con el coñac.

TRUCOS DE COCINA

PRIMEROS PLATOS

Si echamos un chorrito de vinagre en el agua al cocer las patatas, con piel, es más difícil que se rompan.

•

Las patatas se almacenan en lugar oscuro y fresco.

•

Las patatas nuevas cuecen mejor si se ponen en agua hirviendo, el resto se debe poner a cocer en agua fría.

•

Las patatas nuevas son más enteras, y por lo tanto espesan menos los guisos. Cuando se preparan patatas guisadas en trozos hay que cortar la mitad de la pieza y luego arrancarla. Se forman aristas que se desprenderán al cocer para espesar el caldo.

•

La parte más nutritiva de la patata está justo debajo de la piel, proporcionando fibra de muy buena calidad. Si no es imprescindible pelar, lo mejor es limpiarlas con un cepillo y prepararlas con piel, sobre todo si es fina.

•

En la cocina hay que aprovecharlo todo. Las hojas oscuras de la lechuga y la escarola, los extremos de las hojas de los puerros, las hojas del apio, las costillas más duras de la alcahofa, las hojas del rábano y las del nabo pueden usarse para hacer caldos, cremas y salsas.

•

Al congelar los tomates, se ponen acuosos, pero son muy buenos para hacer salsa.

La lechuga se conserva mejor si separamos las hojas, las lavamos, las escurrimos bien y las guardamos en la nevera dentro de un recipiente cerrado.

•

Si la lechuga se pone mustia, puede volver a ponerse tiesa si se deja unos minutos en agua fría; si no está demasiado mustia, claro.

•

Para que las endibias no amarguen, se limpian con un trapo, en lugar de lavarlas.

•

Para evitar que las legumbres produzcan gases, podemos añadir unos cuantos cominos mientras preparamos el guiso.

•

Los garbanzos se ponen a cocer en agua hirviendo, las judías y las lentejas en agua fría.

•

Los guisantes se cuecen con poca agua y a fuego lento, para evitar que se rompan.

•

Para que la coliflor no huela al cocer se pone en el agua una miga de pan empapada en aceite.

•

Cuando se cortan las berenjenas, podemos mejorar su sabor salándolas y dejándolas reposar durante una hora; pierde los jugos más ácidos. Hay que tener cuidado con el tiempo porque se pueden secar si nos pasamos.

Si cocemos enteros los calabacines, hay que procurar no cortar los extremos hasta después de cocerlos porque de lo contrario absorben agua y ya contienen bastante.

•

Las flores del calabacín no sólo son comestibles, sino que son un bocado exquisito. Fritas son muy ricas.

•

Cuando se rellenan pimientos del piquillo, no deben rebozarse ni freírse. Pierden sabor.

•

Si secamos las setas en el horno, a fuego lento para que sólo se deshidraten, podemos molerlas y obtener un polvo de setas que podremos utilizar para dar sabor a salsas y guisos.

•

Con el caldo de cocer remolacha podemos cocer huevos o arroz; les cambian el color, consiguiendo efectos muy divertidos.

Si queréis un arroz blanco suelto, cocedlo con mucha agua. Cuando esté a punto, lo escurrís y lo laváis bien con agua fría, quedará muy suelto. Para consumirlo se le rehoga con un poco de aceite y unas láminas de ajo.

•

Conviene guardar la endibia y las escarolas en un lugar oscuro. Un exceso de luz provoca un cambio de color y la apertura de las hojas.

•

Las vitaminas de las verduras se mantienen con escaso deterioro si se cocinan con poca agua y rápidamente. Cuanto más frescas estén, mayor aporte vitamínico contienen.

•

La coliflor se cuece siempre entera. Antes, se lava con un poco de agua con vinagre, luego se vuelve a lavar con abundante agua fría. Al final de la cocción se pone un poco de limón en agua fría y así queda más blanca.

PESCADOS Y MARISCOS

Para ver si los pescados con escamas están frescos, pasamos el dedo por el lomo, en sentido contrario al de las escamas. Cuantas más escamas se suelten, menos fresco está.

•

El marisco hay que cocerlo en agua tan salada como la del mar. Lo mejor para limpiarlo y cocerlo es usar agua de mar. Para cocerlo, calcular 10 minutos por kilogramo de la pieza. Contar el tiempo a partir de que empieza a hervir.

•

Para quitar la tierra de los moluscos bivalvos (berberechos, navajas, coquinas...) lo mejor es mantenerlos durante diez o doce horas en agua con bastante sal, a ser posible en agua de mar, si ponemos una rejilla en el fondo del recipiente, la arena cae directamente al fondo.

•

Para conservar el pescado más tiempo es preferible guardarlo sin tripas y bien limpio en un lugar fresco, lo ideal sería cubrirlo con hielo; como esto no suele ser posible lo cubrimos con un trapo bien húmedo. Por el contrario, no hay que echar nunca hielo al marisco vivo.

Las espinas y las cabezas de los pescados son la mejor base para preparar un buen caldo.

•

Los mejillones se cuecen al vapor, el tiempo necesario para que se abran, pero sin que se pasen, porque se encogen y se secan. El caldo de la coción se filtra y se puede utilizar para dar sabor a un guiso de pescado.

•

Chirlas, berberechos, coquinas y otros moluscos de carácter menor, ganan mucho si se abren en una sartén con un poco de vino blanco, cava o cerveza.

•

No conviene hacer cortes en los lomos de los pescados que se guisan enteros. Pierden agua, se secan y pierden aroma y sabor.

•

Los crustáceos no deben tener olor a amoniaco, siempre deben oler a mar; si huelen a amoniaco es que están pasados.

•

La mejor carne del pez espada y del emperador es la de la parte de la cola. La otra es más fibrosa y tiene menos sabor.

CARNES Y CAZA

Gracias a la congelación, se ha popularizado de forma notable el consumo de la mayoría de los tipos de caza. Así, podemos tenerla a nuestro alcance todo el año. La temporada de caza es corta, por lo que conviene planificar su congelación para poder tener un extenso surtido. Siempre se deben elegir animales jóvenes y gordos, con las extremidades blandas y flexibles; si éstas estuvieran duras y con una especie de escamas, significa que son viejas.
Antes de congelar se despluman, se vacían, se limpian bien y se atan. Haremos los paquetes con cuidado para evitar quemaduras y conservar todo su sabor. Las extremidades conviene cubrirlas con doble hoja de aluminio; envolver el ave apretando y, si se desprendiera un olor fuerte, utilizar varias bolsas cerrando bien cada una de ellas.

•

Para conservar la carne en la nevera durante días hay que envolverla en papel encerado y no en papel de aluminio o plástico, así respira y no se estropea.

•

No se debe lavar la carne con agua. Si es necesario limpiarla, se utiliza un trapo. El contacto con el agua provoca la pérdida de sangre y la carne se seca.

•

Al cocinar carne, echaremos la sal al final. Si no, la sal provoca pérdida de líquidos y la carne se seca.

•

En cambio, el pescado conviene salarlo antes de utilizarlo en la cocina.

•

Chuletas de cerdo: son mejores las de aguja que las de riñonada, aunque tengan peor presencia. Tienen más grasa entre la carne y son más jugosas.

•

Para freír morcilla, el aceite tiene que estar muy caliente. Así la tripa se endurece en lugar de encogerse y el trozo de morcilla se mantiene entero. Luego se baja el fuego y se deja que cueza. Hay que hacer lo mismo si se hace a la parrilla.

•

Para freír un chorizo, el aceite no debe estar muy caliente. Para evitar que se queme por fuera y quede crudo por dentro hay que agujerear el chorizo para que pierda grasa.

Si asa aves, ponga una cebolla entera y una zanahoria en la cazuela; el caldo quedará más oscuro y sabroso gracias a la piel de la cebolla.

•

Al asar carnes rojas, se utiliza sal gorda, que se sacude antes de servir la pieza.

•

Al asar corderos lechales, ponemos un poco de manteca porque tienen muy poca grasa y se pueden secar.

•

Al asar al estilo castellano un cochinillo o un cordero lechal, conviene poner un cacharro con agua en el mismo horno. Los hornos modernos son muy secos, y el asado necesita un poco de humedad. (Como la que se obtiene al quemar la leña).

•

Al asar chuletas a la parrilla, la carne ganará sabor echando al fuego una ramita de romero o de tomillo.

•

Para limpiar las parrillas se frotan con un periódico untado en aceite y se ponen al fuego para que ardan.

•

Para que la carne de conejo quede más blanca, podemos rociarla con agua hirviendo después de despellejarlo y luego dejarlo secar. Si lo compramos limpio podemos frotarlo con vinagre y luego limpiarlo con un paño, se consigue el mismo efecto.

•

Para dar sabor al pavo de criadero (fresco, pero sobre todo el congelado) se le ponen inyecciones de cognac o armagnac en la carne. Se hace dos veces al día durante dos días. Mientras dura la operación, se mantiene en el frigorífico tapado con un paño húmedo.

•

El jamón se sala al cocerlo. Lo mejor es incorporarlo en el último momento, cortado muy fino, y dejándolo al fuego apenas unos segundos.

•

El hígado y los riñones deben servirse nada más hacerse. Si se recalientan se quedan duros. Lo mejor es aprovechar las sobras para hacer otros platos.

•

Para quitar el sabor fuerte que tiene el hígado de cerdo, se le deja en agua salada o en leche durante una hora o dos.

POSTRES

Una forma estupenda de presentar cualquier helado, de una forma original y mucho más sabrosa: esta idea puede realizarse con la fruta que más os guste. Por ejemplo, se cogen unas manzanas, se las lava y parte por la mitad. Se ponen a cocer durante diez minutos en agua muy azucarada (100 gr. de azúcar por 100 gr. de agua) y con canela.
Una vez enfriadas las manzanas, se pone la fruta en un bol o tazón adecuado, rociándolo con el almíbar resultante de la cocción. Finalmente se pone helado al gusto. Se puede adornar con trocitos de fruta y chocolate rallado. Si os apetece y os gusta podéis añadirle un poco de licor. Y ya sólo falta meterlo en el frigorífico hasta el momento de servir.

•

La nuez del hueso de los albaricoques es comestible y puede usarse para aromatizar y dar más sabor a los postres.

Los limones y las naranjas producen más zumo si se meten unos segundos en el microondas a máxima potencia.

•

Cuando hagáis zumo de limón no tiréis la corteza, la podéis usar para hacer pasteles o dar sabor a tartas.

•

Para evitar que las guindas se vayan al fondo de la tartas o los pasteles, se espolvorean con harina antes de ponerlas en el pastel.

•

Cuando se usan uvas para un plato, se pueden despepitar con toda facilidad y mucha rapidez con una horquilla, limpia por supuesto.

•

Para quitar la piel a los frutos secos, incluidas las castañas, se meten al horno después de hacer un pequeño corte; hay que pelarlos en caliente.

SALSAS, CONDIMENTOS Y OTROS

En verano florecen muchas hierbas aromáticas; sería interesante conservar algunas para el invierno, bien para poner entre las ropas o bien para aromatizar la casa y cómo no, para utilizar en los guisos.
No resulta nada complicado. Lo primero que hay que hacer es lavar bien las hojas y después exponerlas al sol esparcidas sobre una bandeja. En unos 5 o 6 días ya estarán bien secas (por la noche conviene retirarlas para evitar que cojan humedad). Una vez secas podéis guardarlas en recipientes bien cerrados de cristal o cajitas metálicas de té.
Los aromas del verano seguirán en vuestras casas durante el invierno.

•

Los dientes de ajo pelado pueden conservarse en aceite de oliva, de paso tendremos un aceite aromatizado.

•

No se puede usar la mantqueilla como el aceite, porque si se calienta demasiado se quema, dando mal sabor. Si lo vamos a mantener caliente mucho rato hay que mezclarlo con unas cucharadas de aceite (lo que se quema son las sustancias lácteas que contiene la mantequilla, que se vuelven negras).

Para clarificar la mantequilla se pone a fuego muy lento hasta que se licúe, sin dejar que hierva en ningún momento (se pondría negra). Las sustancias lácteas que contiene y el suero se depositan en el fondo. Se recoge entonces la parte más clara.

•

El aceite de oliva es más caro, pero cunde más. Para quitar sabores extraños al freír, añadimos un ajo sin pelar.

•

Si cae agua en el aceite de la sartén, cuando está caliente saltará mucho; para que deje de saltar se echa un poco de harina en el aceite, no mucho, que lo oscurece.

•

Si se cuecen verduras o pescados al vapor, la utilización de vino blanco en vez de agua y la presencia de hierbas aromáticas frescas en el líquido aporta nuevos sabores.

•

Si secamos, en horno suave, una rama de apio y luego la triruramos, tendremos sal de apio para aderezar guisos.

El tomillo, el orégano, la pimienta o la guindilla son conservantes.

•

El clavo es bueno para matar el dolor de muelas si no hay nada a mano.

•

La albahaca era la hierba de la fertilidad para los romanos.

•

Para preparar una salsa vinagreta de otra forma, puede macerar los ajos y la cebolla en aceite de oliva durante un día. De esta forma dan sabor a la salsa pero no los encontraremos entre los ingredientes.

•

Se puede mejorar la besamel añadiendo trocitos de hongos o perejil.

Para conseguir un empanado más consistente hay que presionar fuertemente con la mano la pieza, repitiendo la operación varias veces, para que se forme una capa consistente. También se puede rebozar dos veces (huevos, pan rallado, huevo y pan rallado).

•

Las cazuelas de barro reparten mejor el calor, pero también lo conservan, así que cuando tengamos un pescado, habrá que sacarlo de la cazuela al acabar de prepararlo, evitando de este modo que se pase de punto.

•

Aviso para los bebedores: debemos tener cuidado con los hielos, cuanto más tiempo pasen en el congelador, más sabores cogerán y darán mal sabor a las bebidas.

BREVE VOCABULARIO DE COCINA

Abocado:
Vino ni seco, ni dulce, pero agradable por su suavidad.

Abrillantar:
Dar brillo con jalea o grasa a un preparado.

Acanalar:
Hacer canales o estrías en el exterior de un género crudo.

Acerbo:
Vino áspero por uvas inmaduras.

Aderezar:
a) Acción de agregar sal, aceite, vinagre, especias, etc..., a ensaladas u otras preparaciones frías.
b) Dar su justo sabor a una comida, con la adición de sal u otras especias.

Adobar:
Colocar un género entero o troceado crudo dentro de un preparado llamado «adobo» con objeto de darle un aroma especial, ablandarlo o simplemente conservarlo.

Adobo:
Preparación que admite ingredientes diversos (especias, vinagre, vinos, aceite, sal, etc.)

Afrutado:
Vino con agradable olor a uva.

Agarrarse:
Que se pega al fondo del recipiente una preparación culinaria, dándole mal sabor, olor y color.

Albardar:
Cubrir, envolviendo una pieza de carne (generalmente de vaca, ternera, ave, etc.), con unas láminas delgadas de tocino para evitar que quede seco cuando lo cocinemos.

Aliñar:
Aderezar o sazonar.

Amasar:
Trabajar una masa con las manos.

Aplastar:
Reducir el espesor de un artículo, por medio de una espalmadera o simplemente con la mano.

Aprovechar:
a) Utilizar restos de comidas para otros preparados.
b) Recoger totalmente restos de pastas, cremas, etc.

Aromatizar:
Añadir a un preparado elementos con fuerte sabor y olor.

Arreglar o Aviar:
Preparar de forma completa un ave u otro género, para su asado, cocción, etc.

Arropar:
Tapar con un paño un preparado de levadura para facilitar su estufado o fermentación.

Asar:
Cocinar un género en horno, parrilla o asador con grasa solamente; de forma que quede dorado exteriormente y jugoso en su interior.

Aspic:
Género cocinado, colocado dentro de una gelatina dorada.

Asustar:
Añadir un líquido frío a un preparado que esté en ebullición, para que momentáneamente deje de cocer.

Atelet:
Pincho metálico que termina en motivo decorativo y que se utiliza preferentemente en piezas para buffet.

Baño María:
a) Recipientes de bastante más altura que diámetro con mango o pequeñas asas que se utiliza para contener jugos, salsa, etc.
b) Recipiente con agua caliente que sirve para contener los «baños» anteriormente citados y conservar su temperatura.
c) Forma de cocción.

Bañar:
Cubrir totalmente un género con una materia líquida pero suficientemente espesa para que permanezca.

Bardar:
Véase albardar.

Batir:
Sacudir enérgicamente con las barillas o batidoras una materia hasta adquirir cierta consistencia o densidad deseada.

Blanquear:
Poner un género o artículo en agua fría y llevarlo a la ebullición para quitarle impurezas, mal sabor, mal color, desalarlo, etc.

Brasear o Bresar:
Cocinar un género (generalmente carnes duras y de gran tamaño, maceradas) lentamente a fuego muy suave, durante largo tiempo con elementos de condicmentación, hortalizas, vino, caldo, especias, etc.

Bridar:
a) Fijar con ayuda de una aguja y bramante los miembros de un ave.
b) Sujetar con bramante o dar la forma deseada a una pieza antes de su preparación.

Bouquet garni:
Ramillete atado que se puede componer de laurel, perejil, tomillo, apio y verde de puerro.

Caer:
Cocción con mantequilla muy lenta hasta conseguir ablandar el género o artículo empleado.

Camisar:
Aplicar en las paredes interiores de un molde o recipiente una capa fina de pasta, gelatina, farsa, tocino, etc.

Canal:
Cuerpo de bóvidos (ternera, vaca, etc.) u óvidos (cordero, cabrito, etc.) desprovistos de vísceras torácicas, abdominales y pelvianas, excepto los riñones, con o sin piel, patas y cabeza.

Cantar («La comanda»):
Decir en voz alta o por medio de micrófono las peticiones culinarias de los clientes.

Caramelizar:
Untar un molde o cubrir un género con azúcar a punto de caramelo.

Cincelar:
Efectuar pequeños cortes sobre los lomos de un pescado para facilitar su cocción.

Clarificar:
Operación que tiene por objeto:
a) Dar o conseguir limpieza o transparencia a una salsa, caldo, consomé o gelatina.

b) Separar la caseína y cuerpos extraños de la mantequilla fundida.

Clavetear:
a) Introducir «clavos», especia muy olorosa, en cebolla u otro género similar al objeto de que el preparado culinario adquiera su aroma característico.
b) Introducir bastoncitos de trufa en una masa de paté o una pieza de carne para aromatizarla.

Cobertura de chocolate:
Chocolate rico en manteca de cacao, que se emplea para cubrir o envolver diversas preparaciones.

Cocer:
a) Hacer entrar en ebullición un líquido.
b) Transformar por la acción del calor, el gusto y propiedades de un género.
c) Ablandar y hacer digeribles los artículos.
d) Cocinar o guisar.

Cocer al baño María:
Cocer lentamente un preparado poniéndolo en el interior de un recipiente que, a su vez, debe introducirse en otro mayor con agua, poniéndose el todo al horno o fogón.

Cocer en blanco:
Cocer al horno en moldes a una pasta sin aderezos, sustituyendo éstos por legumbres secas.

Cocer al vapor:
Cocer o cocinar un preparado en recipiente puesto dentro de otro, cerrado y con vapor de agua.

Cocotera:
Recipiente de loza, para confeccionar principalmente huevos cocotte.

Comanda:
Platos o especialidades culinarias que solicita el cliente y que el maître o camarero reflejan en un block por triplicado y una de cuyas copias va a cocina.

Concasser:
Picar un género de forma gruesa (perejil, perifollo, etc.) y rústica.

Condimentar, (Sazonar):
Añadir especias a un género para darle sabor.

Cornet (Cucurucho):
Aparato hecho de papel blanco fuerte y fino, en forma de cuerno recto, y muy fácil de confeccionar a mano. Se utiliza para decorar. Cornetes de jamón rellenos de huevo hilado.

Corregir:
Modificar un sabor dominante en una preparación por adición de otra sustancia.

Court-bouillon:
Fondo para hervir los pescados.

Coulís:
Puré (tomate, cangrejo, etc.) que se somete a una evaporación completa de su jugo.

Crocante:
Dícese de alimento o preparación resistente al diente (crujiente).

Chiffonada:
Lechuga o acedera finamente cortada y rehogada en mantequilla (guarnición de caldos, sopas, crema, etc.).

Darne:
Trancha gruesa de 3 a 4 centímetros de espesor, obtenida del lomo de un pescado, generalmente salmón. Parte comprendida entre la cabeza y el inicio de la cola.

Decantar:
Suprimir, normalmente por trasvase, las impurezas o cuerpos extraños de un jugo, salsa, aceite, preparación líquida, etc.

Decocción:
Cocer en agua hirviendo hierbas o plantas aromáticas para obtener su extracto.

Decorar:
Embellecer con adornos un género, para su presentación.

Desalar:
Sumergir un género salado en agua, fría generalmente, para que pierda la sal.

Desangrar:
Sumergir en agua fría una carne o pescado para que pierda la sangre. También se dice a la operación de despojar a una langosta, o similar, de la materia que en crudo tiene en la cabeza, preparándola así, para su posterior empleo.

Desecar:
Secar por evaporación un preparado al fuego.

Desembarazar o Desbarasar:
Desocupar el lugar donde se ha trabajado, colocando cada cosa en su lugar habitual.

Desescamar:
Quitar las escamas de un pescado.

Desglasar:
Añadir un líquido (agua, vino, aguardiente, etc.) al utensilio donde previamente se haya cocinado un ave, un pescado o una carne, para recuperar la grasa o jugo depositado y caramelizado que contenga.

Desgrasar:
Quitar la grasa de un preparado.

Deshuesar:
Separar los huesos a una carne.

Desmoldear:
Sacar un preparado del molde, del que conservará la forma.

Desollar:
Despojar de la piel.

Desplumar:
Despojar de las plumas.

Dorar:
Dar con huevo batido sobre una pasta para que se dore durante su cocción. Caramelizar la superficie de un pescado, carne o ave.

Emborrachar:
Empapar con almíbar, licor o vino un postre.

Embridar o Bridar:
Sujetar con un bramante aves, carnes o pescados para apretar sus carnes y conservar su forma después de cocinados.

Empanar:
Pasar por harina, huevo batido y pan rallado un género.

Empanar a la inglesa:
Pasar por harina, huevo batido más aceite, agua y miga de pan fresco rallado.

Empanar a la milanesa:
Igual que a la inglesa más 1/3 de su volumen con queso rallado parmesán.

Emplatar:
Poner un preparado terminado en la fuente de servir.

Encamisar, Camisar o Forrar:
Cubrir las paredes interiores de un molde con un género dejando un hueco central para rellenar con otro preparado distinto.

Encolar:
Adicionar gelatina a un preparado líquido para que, al enfriarse, tome cuerpo y brillo.

Enharinar:
Cubrir de harina las superficies de un género.

Engrasar:
Untar con mantequilla u otra grasa el interior de un molde o recipiente.

Envejecer:
Dar tiempo a una carne para que logre cierto punto de pasada.

Escabechar:
Preparación de algunos géneros (ya cocinados) en un líquido aromatizado con especias y vinagre para conservarlo y que adquiera un sabor característico.

Escaldar:
Sumergir en agua hirviendo un género, manteniéndolo poco tiempo.

Escalfar:
a) Mantener en un punto próximo a la ebullición del líquido, un género sumergido en él.
b) Cocción de pocos minutos.
c) Cocer en líquido graso y corto un género.

Escalopar:
Cortar en láminas gruesas y sesgadas un género.

Espalmar:
Adelgazar un género mediante golpes suaves.

Espolvorear:
Repartir en forma de lluvia un género en polvo.

Espumar o desespumar:
Quitar con la espumadera las impurezas que en forma de espuma floten en un preparado durante la cocción.

Estirar:
a) Trabajar una masa con rodillo para adelgazarlo.
b) Conseguir mayor rendimiento del normal en un género al racionarlo.

Estofar:
Cocinar a fuego muy suave un género en su propio jugo y el que posean los elementos de condimentación o guarnición.

Estufar:
Colocar una pasta de levadura en una estufa o local atemperado para su fermentación y desarrollo.

Faisandé:
Término francés que se emplea para indicar la mortificación completa de un animal de caza antes de su preparación. (Sabor parecido al de faisán).

Farsa:
Compuesto de una o varias materias que sirven para rellenar manjares.

Filetear:
Cortar un género en lonjas delgadas y alargadas.

Finas hierbas:
Compuesto de perejil, perifollo, estragón y cebollino.

Flamear:
Pasar por llama, sin humo, un género.

Flambear:
Galicismo que se utiliza cuando a un género o preparación culinaria se la añade un licor.

Fondear:
Cubrir el fondo de una braseadora con legumbres, tocino y otro género, braseándolo encima de éste.

Fondearse:
Agarrarse ligeramente.
a) Caldos o jugos grasos más o menos ligados destinados para mojar otras preparaciones.
b) Hortalizas cortadas gruesas en un cuerpo graso que se utiliza para confeccionar algunas especialidades culinarias.

Fumet:
Dícese principalmente de los fondos de pescado; (ocasionalmente de champiñón o caza).

Freír:
Introducir en una sartén que contenga grasa caliente un género para su cocinado, debiendo formar costra dorada.

Glasear:
a) Cubrir un entremet con *fondant* o azúcar glasé.
b) Cubrir preparados de pastelería con mermeladas, azúcar caramelizada, glass, etc.
c) Dorar la superficie de un preparado con una salsa rica en yemas de huevo y/o mantequilla.
d) Cocer ciertas hortalizas (cebollitas, nabos, zanahorias) con agua o vino, sal mantequilla y azúcar.
e) Lograr en una pieza que se está braseando o salteando, una capa brillante regándola por encima con su propio jugo.
f) Espolvorear con azúcar glass una preparación.

Gratinar:
Hacer tostar a horno fuerte o gratinador la capa superior de un preparado.

Guarnecer:
Acompañar a un género principal de otros géneros menores sólidos que reciben el nombre de guarnición.

Goujons:
(Cortado en). Es todo lomo de pescado cortado en tiras de 5 a 6 cms. de largo empanado a la inglesa.

Helar:
Congelar por medio de temperaturas de menos cero una mezcla.

Hermosear:
Suprimir de elementos inútiles (hueso, durezas, etc.) a la presentación de un manjar.

Hervir:
a) Cocer un género por inmersión en un líquido en ebullición.
b) Hacer que un líquido entre en ebullición por la acción del calor.

Incisión:
Pequeña cortadura.

Infusión:
Acción de añadir agua hirviendo sobre una plata aromática para extraer su color, aroma y sabor.

Juliana:
Forma de cortar en tiras. (De 3 a 5 centímetros de largo por 1 a 3 milímetros de grueso).

Levadura:
Espuma obtenida de la cerveza en fermentación que concentrada se convierte en una masa sólida.

Levantar:
Poner de nuevo una preparación en ebullición.

Ligar:
a) Añadir a un preparado un elemento de ligazón para espesar.
b) Mezclar diversos ingredientes de forma homogénea.

Macedonia:
Mezcla de legumbres o frutas, cortadas en dados o similares.

Macerar:
Poner a remojar en vino, licor, aguardiente, etc., elementos o artículos diversos al objeto de que adquieran parte de su sabor.

Majar:
Quebrar de forma grosera; machacar de forma imperfecta.

Mantequilla:
a) Clarificada: Fundida y decantada.
b) Manié: Mezclada con harina.
c) Pomada: Reblandecida.

Marcar:
a) Preparar las operaciones básicas para iniciar la confección de un plato, a falta de su cocción.

Marchar:
Empezar la cocción de un plato previamente preparado o marcado.

Marinar o enmarinar:
Poner géneros, generalmente carnes, en compañía de vino, legumbres, hierbas aromáticas, etc. para conservar, aromatizar o ablandarlos.

Mechar:
Introducir en una carne cruda, con ayuda de una mechadora, tiras de tocino en forma de mecha.

Mijotear:
Término francés para indicar una cocción muy lenta.

Mirepoix:
Base para confeccionar caldos y salsas, compuesta por picadillo de verduras y hortalizas, cortadas en dados.

Mojar:
Añadir a un preparado el líquido necesario para su cocción.

Montar:
Colocar los géneros, después de guisados, sobre zócalo, costrón o plato. Sinónimo de batir.

Mortificar:
Dejar envejecer una carne.

Napar:
Sinónimo de cubrir (un preparado con un líquido espeso que permanezca).

Panaché:
Término francés que se aplica a diversas hortalizas o verduras previamente cocidas, que se presentan juntas como plato o guarnición.

Pasado:
a) Punto de los géneros crudos que no están frescos, y bordean el punto de descomposición, sin acabar de llegar a él.
b) Excesivamente cocido.
c) Colado.

Perfumar:
Sinónimo de aromatizar.

Picar:
a) Cortar finamente un género.
b) Mechar superficialmente un preparado.

Pocher/ar:
Término que se aplica a la cocción de un género en agua o fondo, sin que llegue a su total ebullición.

Prensar:
Poner unos pesos apropiados encima del preparado para comprimirlo o dentro de un molde-prensa.

Provenzal:
Miga de pan o pan rallado, ajo y perejil, todo mezclado, que se añade en algunas preparaciones.

Puesta a punto:
Preparación y acercamiento de todo lo necesario para empezar un trabajo.

Punto, A:
Cuando un artículo alcanza su grado justo de cocción o sazonamiento se dice que está «a punto» para utilizarlo.

Racionar:
Dividir un género en porciones o fracciones para su distribución.

Rallar:
Desmenuzar un género por medio de la máquina ralladora o rallador manual.

Rebozar:
Cubrir un género de una ligera capa de harina y otra posterior de huevo batido, antes de freírlo.

Rectificar:
Poner a punto el sazonamiento o color de un preparado.

Reducir:
Disminuir el volumen de un preparado líquido por evaporación al hervir, para que resulte más sustancioso o espeso.

Reforzar:
Añadir a una salsa, sopa o similar, un preparado que intensifique su sabor o color natural.

Refrescar:
Poner en agua fría un género, inmediatamente después de cocido o blanqueado, para cortar la cocción rápidamente. Añadir pasta nueva a una ya trabajada.

Regar:
Verter un elemento líquido sobre un artículo, de una manera uniforme.

Rehogar:
Cocinar total o parcialmente un género a fuego lento sin que tome color.

Relevé:
Galicismo con que se denomina al impreso que refleja el inventario diario de los artículos o géneros que hay en cocina.

Remojar:
Poner un género desecado para que recupere la humedad, dentro de un líquido frío.

Repas:
Caldo obtenido de una segunda elaboración en los mismos ingredientes sólidos.

Repère:
Término francés que denomina una pasta de harina y agua o claras para fijar tapaderas sin pérdida de vapor.

Risclar:
Dorar con grasa, formando una capa externa crujiente que además encerrrará los jugos propios del género que resultará totalmente cocinado.

Roux:
Harina y grasa (por lo general mantequilla) a partes iguales, en más o menos cantidad por litro, según su empleo.

Salar:
Poner en salmuera un género crudo para su conservación, toma de sabor o color característico.

Salsear:
Cubrir de salsa o jugo un género, generalmente al ser servido.

Saltear:
Cocinar total o parcialmente con grasa y a fuego violento (180-240) para que no pierda su jugo un preparado que debe salir dorado.

Sofreír:
Véase rehogar.

Sudar:
Cocción lenta de ciertos géneros en recipiente cubierto con un elemento graso sin adición de líquido. En piezas de carne hasta que aparezcan las primeras gotas de jugo.

Sufratar:
Napar una pieza de carne, pescado, etc. con una salsa que al enfriarse permanece sobre el género.

Suprema:
Forma de preparar el pescado.

Tamizar:
a) Separar con el tamiz o cedazo las partes gruesas.
b) Convertir en puré un género sólido, usando un tamiz.

Tornear:
Dar forma regular a una hortaliza o fruta para embellecerla.

Trabajar:
Remover, amasar, etc. una masa o género para conseguir homogeneidad.

Trabar:
Ligar una salsa, crema, etc. por medio de huevos, farináceas, sangre, etc.

Trinchar:
Cortar limpiamente un género.

Zeste:
Palabra francesa que designa la piel externa del limón o naranja obtenida con ayuda de una puntilla o económico.